JN271211

新時代の社会教育と生涯学習

国生　寿
八木隆明　〈編著〉
吉富啓一郎

学文社

まえがき

　この10数年間，社会教育・生涯学習の世界に大きな変化のうねりが続いている。

　さまざまな規制の緩和はそれまでに営々として築いてきた社会教育関係の基準・テーゼを無効化した。指定管理者制度は，従来の民間委託とちがって自治体直営の施設運営の放棄であり，公民館等の社会教育施設に大きな影響を及ぼしている。平成の市町村合併は社会教育の活動基盤そのものを大転換させている。教育基本法の改正は関連法規の改正を伴い，新たな事態への対応を求めている。財政難と「事業仕分け」は施設の存続さえ，危機にさらしている。今このような事態に直面して，社会教育はどのような方向をめざすべきなのだろうか。

　それにもかかわらず（だからこそと言うべきか），社会教育・生涯学習の重要性は依然として大きく，各界で強調されている。平成20年中教審答申では社会教育職員の資質向上を提案し，社会教育専門職共通の資格として，「社会教育士」や「地域教育士」の資格名をあげた。教育振興基本計画でも社会教育施設の重要性を指摘している。このような「社会の要請」に，社会教育関係者は応えなければならない。社会教育関係者の努力とともに，新しい人材の育成の必要性が大きい。

　私どもはこれまで，生涯学習概論（社会教育概論）のためのテキストとして，『社会教育の展望』(1988)，『生涯学習の展開』(2000)を世に問うてきた。それぞれにその時期にふさわしいものをめざしたつもりである。『展望』のあとの10数年はとくに不便なく使用してきた。この間の10年の使用に耐えていたのである。

　しかし，2000年の『生涯学習の展開』のあとは，すぐに使用しづらくなってきた。度重なる法律改正のたびに煩瑣な補足説明を必要とした。時勢の転換に

よってその賞味期間が非常に短くなっことを痛感させられていた。そのため，改訂の必要性は大きかったが，諸般の事情で延び延びになっていた。そのうちに社会教育をめぐる動きはますます激しくなり，教育基本法まで全面改正され，ついに重い腰をあげて本格的に取り組まざるを得なくなった。ここにようやく公刊の運びとなった。

　本書は4章構成で前著をだいぶ精選したが，「生涯学習概論」はもとより「社会教育計画」の必要最小限の項目は抜かしていないつもりである。何よりも，現に生じつつある大きな変化もすべて考慮している。

　執筆陣は前著に加えて，編者らの若い関係者を加えて，8名になった。若いだけに未熟な面もあるが公にすることによって，その責任の自覚を促し，今後の進歩成長が期待されるであろう。

　2009年は社会教育法制定から60年，その法の大改正と公民館基準制定から50年の記念すべき年である。そのような年に企画が具体化し，実現できたことは喜ばしい限りである。

　本書は前著に引き続き，三原多津夫氏にお世話になり，同時に新たに二村和樹氏の力に負うところが大きかった。末筆ながら，ここに謝意を表したい。

2009年12月

編者を代表して

国生　寿

目　次

はじめに

第1章　社会教育の現代的理解 ― 1
第1節　生涯学習の理念と社会教育 …………………………………　1
第2節　戦後社会教育の展開 …………………………………………　8
第3節　社会教育行政の現代的役割と課題 ………………………… 22

第2章　社会教育施設の管理運営 ― 35
第1節　社会教育施設と専門職員 …………………………………… 35
第2節　社会教育施設の運営方針 …………………………………… 45
第3節　指定管理者制度の導入 ……………………………………… 56

第3章　社会教育の職員と指導者 ― 69
第1節　社会教育指導者の種類と特質 ……………………………… 69
第2節　社会教育主事の職務と専門性 ……………………………… 75
第3節　社会教育関係委員の役割 …………………………………… 84
第4節　社会教育におけるボランティアの意義 …………………… 96

第4章　社会教育事業の展開 ― 109
第1節　学習者と社会教育の内容・方法 ……………………………109
第2節　学校教育と地域住民の連携 …………………………………120
第3節　地域福祉と社会教育 …………………………………………135
第4節　NPOと社会教育関係団体 ……………………………………146
第5節　キャリア教育の導入と課題 …………………………………159

資　料 ― 175
1．社会教育関係法 ……………………………………………………175
　　教育基本法／社会教育法（抄）／図書館法（抄）／博物館法（抄）
2．各種統計資料 ………………………………………………………189

索　引 ― 195

第1章　社会教育の現代的理解

第1節　生涯学習の理念と社会教育

　周知のように，生涯教育の考え方は，1965（昭和40）年にユネスコにおいて提唱されて以来，国際的に普及してきたものである。この節では生涯教育がわが国において受容されていく過程をたどりながら，生涯教育・生涯学習と社会教育の関連について述べることにする。

1　生涯教育・生涯学習概念の整理（1980年代）

　社会教育審議会答申「急激な社会構造の変化に対処する社会教育のありかたについて」（1971年）やラングラン（Lengrand, P.）の『生涯教育入門』の邦訳（1970年）などに代表されるように，1970年代に，生涯教育に関する理念・政策が論議されてはいるが，本格的に取り上げられるのは，1981（昭和56）年の中央教育審議会答申「生涯教育について」以降である。

　そこでは初めて「生涯教育」と「生涯学習」の考え方及び両者の関連に言及している。それによれば，生涯学習とは「各人が自発的意思に基づいて行うことを基本とするものであり，必要に応じ自己に適した手段・方法は，これを自ら選んで，生涯を通じて行うものである」。また，生涯教育とは，「生涯学習のために，自ら学習する意欲と能力を養い，社会の様々な教育機能を相互の関連性を考慮しつつ総合的に整備・充実しようとする」ものである。すなわち，「生涯教育とは，国民一人ひとりが充実した人生を送ることを目指して生涯にわたって行う学習を助けるために，教育制度全体をその上に打ち立てるべき基本的

な理念である」とされている。

このように，わが国において生涯教育・生涯学習の概念が整理されるのは1980年代の初頭のことである。しかし，この答申は，教育を提供する側の立場に立って，生涯教育として提唱されており，必ずしも学習者の視点に立った生涯学習の提唱ではない。

生涯教育論から生涯学習論への転換を促したのは，学校教育中心の考え方を改め，「生涯学習体系への移行」をめざして教育体系を総合的に再編成しようとする臨時教育審議会（1984～87年）であった。この時点から生涯教育に代わって生涯学習が行政用語として多用されるようになり，それが今日に及んでいる。国際的にも life-long education ではなく，life-long learning が用いられるようになった（ちなみに，1965年のポール・ラングランの第3回成人教育推進国際委員会に提出されたワーキング・ペーパーは『生涯教育について』であり，1970年に出された著書も『生涯教育入門』となっている）。

2 生涯学習推進体制の整備と生涯学習政策の提示（1990年代）

1988年文部省（当時）の機構改革が行われ，文部省の筆頭局として生涯学習局（当時，現在は生涯学習政策局）が設置され，国の生涯学習政策を担う部局が新設されたのである。続いて，都道府県の生涯学習を推進することを主な目的として，生涯学習振興法（生涯学習の振興のための施策の推進体制等の整備に関する法律）が制定され（1990年），同法に基づいて，生涯学習政策を立案するための「生涯学習審議会」が文部大臣の諮問機関として設置された。このように，国の生涯学習振興のための機構と法が整備されたことになる。

生涯学習審議会は，わが国の生涯学習のあり方について，精力的に調査審議を重ね，報告・答申を出している。その主なものには次のようなものがある。
「今後の社会の動向に対応した生涯学習の振興方策について」（1992年）
「地域における生涯学習機会の充実方策について」（1996年）
「青少年の『生きる』力をはぐくむ地域社会の環境の充実方策について」（1996

年)
「社会の変化に対応した今後の社会教育行政の在り方について」(1998年)
「学習成果を幅広く生かす―生涯学習の成果を生かすための方策について―」(1999年)

　いずれの報告・答申も，当時の生涯学習の政策課題として重要なものであるが，1992年答申は，わが国における生涯学習政策の基本方向を提示したものとして，とりわけ重要な答申である。そのポイントを概観しておこう。同答申は「生涯学習社会の構築」を目標にかかげる。生涯学習社会とは，「人々が，生涯のいつでも，自由に学習機会を選択して学ぶことができ，その成果が社会において適切に評価されるような社会」であり，そのための具体策として，次の4点をあげている。すなわち，

① 人々が生涯にわたって学習に取り組むというライフスタイルを確立することが必要である。
② 人々の様々な潜在的学習需要を顕在化させ，具体的な学習行動にまで高める必要がある。
③ 学校その他の教育機関と密接な連携を図り，専門的な学習需要にこたえる必要がある。
④ 学習の成果を職場，地域や社会において生かすことのできる機会や場を確保する必要がある。

　このように，同答申は生涯学習社会の構築のための4つの必要条件を提示している。そのうえで，当面する課題として，次の4つをあげている。

① 社会人を対象としたリカレント教育の推進
② ボランティア活動の支援・推進
③ 青少年の学校外活動の充実
④ 現代的課題に関する学習機会の充実

　その後，文部省は『教育白書』(平成8年版)のなかで，「生涯にわたる学習支援をするために」，①生涯学習推進体制の整備，②学習需要の喚起，③多様

な学習機会の提供，④能力・学習成果の評価，をあげている。

都道府県段階でも，この時期には多くの「生涯学習基本構想」が策定されている。たとえば，広島県では生涯学習振興法に基づく「広島県地域生涯学習振興基本構想」（1996年）が制定された後，「広島県生涯学習基本構想」（広島県教育委員会，1999年）が策定され，「生涯学習推進の取り組み」として，①学習意欲の高揚，②学習支援の充実，③学習成果の評価・活用，④交流活動の促進，⑤推進体制の充実があげられている。

これらの動向から，「生涯学習社会の構築」に向けた取り組みとして，次の4点を指摘することができる。

① 生涯学習推進体制の充実
② 学習需要の喚起（学習意欲の高揚）
③ 学習支援の充実
④ 学習成果の評価・活用

第1の「推進体制の整備」については，1990年代に国・都道府県・市町村段階で急速に整備される。文部省（当時）の生涯学習局（現在は生涯学習政策局）の設置，都道府県レベルでは生涯学習振興計画の策定，生涯学習担当部局や生涯学習推進会議など，行政組織等の整備も進められ，市町村レベルも同様の動きが目立つようになる。

第2の「学習需要の喚起」については，生涯学習が人々の自発的な意思に基づいて行われる学習活動であるから，人々の「自発性」の喚起が求められる。「人々の様々な潜在的学習需要を顕在化し，具体的な学習活動にまで高める必要がある」ということになる。その隘路となっている要因，たとえば，時間的余裕がない，適切な情報が得にくい，家族や職場の理解・協力が得にくいなどを改善することが必要不可欠である。また，たえず人々の学習関心を高めるために，多様なメディアを利用した広報活動や啓発普及活動が求められる。さらに，企業などによる有給教育休暇制度の導入，学習成果に基づく資格付与・昇給など，学習への動機づけが必要である。

第3の「学習支援の充実」については，多様な学習機会の提供，生涯学習関連施設の充実と運営の弾力化，指導者の養成，団体の育成，学習情報・学習相談の充実などが考えられる。

　第4の「学習成果の評価・活用」については，前記の生涯学習審議会答申（1999年）が具体策として，①個人のキャリア開発に生かす，②ボランティア活動に生かす，③地域社会発展に生かす，の3点を指摘している。

　このように，1990年代は文教政策を担う文部省の機構改革により，生涯学習局が設置されて行政機構が整い，生涯学習振興法に基づき生涯学習審議会が設置され，多くの答申・報告が出され，生涯学習の振興のための政策立案の役割を果たしたことなどが特筆されるところである。

3　社会教育法改正（2001・2008年）と学校・家庭・地域の連携

　2001年，社会教育法の一部改正が行われた。改正は，第3条（国及び地方公共団体の任務）関係であるが，その主な内容は，①家庭教育の向上のための社会教育行政の体制の整備，②体験活動の促進（学校教育法にも同時に追加），③社会教育主事の資格要件の緩和，④社会教育行政と学校教育との連携の確保及び家庭教育の向上への配慮に関する規定を置く，とまとめることができる。以下，条文の改正に即してみよう。

　社会教育法第3条は「国及び地方公共団体の任務」を規定している。第1項はいわゆる「条件整備」条項といわれるもので，私流にいえば，国民の自己教育主体形成のための「環境を醸成」することが，社会教育行政の任務であることを規定したものである。すなわち，「国及び地方公共団体」は，「すべての国民」が，「あらゆる機会，あらゆる場所を利用して」，「自ら実際生活に即する文化的教養を高め得るような」「環境を醸成するように努めなければならない」のである。この意味では，第1項の規定は社会教育の本質規定ともいわれている。この規定は改正されていない。ということは，国民の自己教育主体形成という社会教育の本質規定は不変であるということである。

2001年に新たに第2項が追加され，さらに新教育基本法に基づく2008年改正で別にもう1項追加された。ここでは2008年改正の現行条項に即して記述する（2001年追加の第2項は，現行規定ではほぼ第3項になっている）。

　第2項は，「国民の学習に対する多様な需要を踏まえ」，「必要な学習の機会の提供及びその奨励」によって，「生涯学習の振興に寄与することとなるように努める」ことが義務づけられたのである。すなわち，社会教育行政の任務として，国民の学習需要に対応する学習機会の提供・その奨励によって「生涯学習の振興への寄与」が新たに追加されたのである。

　第3項は，国・地方公共団体の任務として，①「学校教育との連携の確保に努める」こと，②「家庭教育の向上に資するよう必要な配慮をする」こと，③「学校・家庭及び地域住民その他の関係者相互間の連携及び協力の促進に資する」ことが明記されたのである。すなわち，社会教育行政の新たな任務として，「学校，家庭，地域の連携・協力」を「促進」することとされたのである。この改正は新教育基本法制定に先立つものであり，後述するように，新教育基本法第13条「学校，家庭及び地域住民等の相互の連携協力」を先取りするものである。

　このように，第3条に第2項・第3項が追加されたことによって，くしくも21世紀の初頭に社会教育行政の任務として「生涯学習の振興への寄与」と「学校・家庭・地域の連携・協力」の「促進」が社会教育法上，はじめて明文化されたことは重要である。

4　「生涯学習社会の実現」をめざして―教育基本法第3条―

　新教育基本法の社会教育の条項に関する改正の特徴を箇条書きふうに示せば次のようになるであろう。

　第1は，社会教育の条項が旧法第7条から新法第12条になったことである。そのうえで，「家庭教育」が新法第10条に分離されて条文化されたこと，旧法「勤労の場所」が削除されたこと，「個人の要望や社会の要請にこたえ」が条文

のなかに新たに追加されたことなどである。

　第2は，第1条（教育の目的）との関連が不明確になったことである。旧法の「教育の目的に努めなければならない」が削除されて，「社会教育の振興に努めなければならない」となったことである。

　第3に，第2条（教育の目標）が新設され，それとの直接的な関連性が求められていることである。「教育はその目的を実現するため（中略）次に掲げる目標を達成するよう行われるものとする」として，5項目の新目標が条文化されている。

　第4に，「学校・家庭」との連携・協力が新たに追加されたことである（第13条）。

　ところで，このように社会教育に関する条文改正以上に，ここでは，第3条（生涯学習の理念）の登場について考えることが肝要である。この第3条は，わが国における「生涯学習社会の実現」を求める条文である。「国民一人一人が，自己の人格を磨き，豊かな人生を送ることができる」社会，これこそが生涯学習社会であり，それは「生涯にわたって」「あらゆる機会に」「あらゆる場所において」「学習することができ」「その成果を適切に生かすことのできる」，そのような社会である。

　「自己の人格を磨くこと」及び「豊かな人生を送ること」は，誰でも願う究極のニーズにほかならないだろう。このニーズが現実化される社会，それが「生涯学習社会」であるとすれば，そのことに異論を挟む余地はない。この条文のポイントの一つはここにあることはまちがいない。

　もう一つのポイントは，①「学習機会」の提供と，②「学習成果」の評価・活用である。このことについては，生涯学習が語られるたびに言及されているが，それを十分なものとすることはそう簡単ではない。しかし，このことの具体化が図られなければ，生涯学習社会は実現しない。教育の根本法としての教育基本法に「生涯学習の理念」が明文化され，その実現がめざされることになったことは歓迎すべきことではあるが，国や地方公共団体のみならず，国民一

人ひとりがその実現に重責を負うことになったといえよう。

第2節　戦後社会教育の展開

1　社会教育の再出発と「寺中構想」（1945〜49年）

　墨塗り教科書，教職追放など戦前教育を解体したあとの新しい教育づくりは，米国教育使節団報告書をもって始まる。6・3制単線型学校体系，義務教育年限延長，地方分権化と公選制教育委員会制度等の実現は，使節団の勧告にそうものである。

　社会教育に関して，報告書は，図書館・博物館の整備充実，学校開放の促進，PTAの組織化等を勧告している。欧米成人教育の方法の推奨である。1年後に制定される教育基本法は，「図書館，博物館，公民館等の施設の設置，学校の施設の利用，その他適当な方法」（第7条2項）によって，教育の目的を実現するよう国及び地方公共団体に求めている。公民館という語を除けば，ほとんど報告書そのままである。

　しかし，その後の社会教育の歩みは，必ずしもこのような動きをとらない。伝統的な地域主義，団体主義が重視され，その活動の拠点として，教育基本法では社会教育施設の最後にあげられている公民館が最も重視されることになる。公民館が社会教育の中核的地位を占めるのである。戦後社会教育施策は，1945（昭和20）年9月に出された「青少年団体設置要領」に始まるが，敗戦1カ月にして戦前社会教育の中心であった青年団の復活・再生が図られたことからもわかるように，社会教育の主要な重点は，依然として地域団体におかれていた。使節団報告書とは別の原理が貫かれていたのである。

　このような社会教育の実践の場として，公民館が計画された。公民館は，1946（昭和21）年7月の文部次官通牒「公民館の設置運営について」によって設置が呼びかけられ，以後急速に各地に普及した。地域の団体活動の場，産業復興，地域振興，社交娯楽の拠点として，戦後の社会的混乱からの立ち直りに

果たした役割は計り知れないほど大きなものがあった。

　次官通牒の作成に中心的指導性を発揮した寺中作雄（一連の構想が「寺中構想」と称される所以である）は、自著で公民館の機能を次のように総合的なものとして強調している。「要するに公民館は社会教育、社交娯楽、自治振興、産業振興、青年養成の目的を綜合して成立する郷土振興の中核機関である」（『公民館の建設』1946年）。公民館はこのように単に教育行政の分野だけでなく、全行政分野を含む活動として、敗戦日本の復興に重要な役割を担わされた。他行政部局との緊密な協力連携も当然に進められる。「本件については内務省、大蔵省、商工省、農林省及厚生省に於て諒解済であることを附記する」（次官通牒）との付記は、単なる言葉の綾ではない。

　しかし、その過大な期待に反して、財政的基盤は薄弱である。時あたかも、6・3制実施の時期にあたり、新制中学校の建設は喫緊の急務であった。とても公民館建築までの余裕はない。「極端に云へば実質さへ伴へば、公民館の設備は始は『公民館』の看板一枚でもよく、看板一枚から出発して、漸次に施設の行届いた立派な公民館に発展させてゆくことが出来る」（『公民館の建設』）。いわゆる「看板公民館」はやむをえないことだったのである。

　このような上からの積極的奨励にもかかわらず、民主主義建設の時期にふさわしく、住民自身による運営が強調されている。教育委員会制度を先どりしたような公選の「公民館委員会」は、その最たるものである。地域住民の主体性と独自性を生かし、民衆統制をめざす非常に進歩的な制度である。公民館は単なる建物ではなく、単なる教育機関でもない。公民館主事と地域団体による町づくり、村づくりのための運動であり、住民組織であったといってよかろう。

　その意味で、建物を欠くことはできても、公民館事業を担うべき公民館主事の存在を欠くことはできない。「公民館職員は主事と呼び（中略）、主として青年学校教職員及国民学校教員を兼務させるのはよいが、財政に余裕のある限り出来るだけ多くの練達堪能な実力のある人材を専任に嘱託する様にすること」（次官通牒）。当然すぎる措置である。後述のように、社会教育法において公民

館主事の名称が消えてしまい，その後10年間の空白を迎えることを考えると，その意義は大きい。

　初期公民館は法律で規定されたわけではなく，各市町村の独自な発想で活動が行われたため，一言で公民館の全体像を説明することはむずかしい。町村当局の熱意と公民館主事の個性と努力によって，さまざまな活動が展開された。公民館提唱後ほぼ1年，新制中学校の建設の時期と重なりながら，1947（昭和22）年8月31日現在の公民館設置市町村数が1971，設置率が19.76％という急速な普及ぶりに，文部省及び市町村の熱意を見ることができる。概して，総合的，万能的，実践的特徴が強い。とくに当時の食糧難の克服に果たした役割は大きい。

2　社会教育法の制定と定着（1950年代）

　学校改革が一段落した1949（昭和24）年社会教育法が制定された。公民館の提唱と発足は戦後1年足らずで行われたが，法的整備は学校教育に比して数歩遅れたわけである。緊急性のちがいであり，法的位置づけの差異でもある。

　社会教育行政は，それまで，法律によることなく行政通達によって行われていた。図書館の整備は例外的に進んでいたが，それ以外の法的整備はみられない。その意味で，戦後教育行政にみられる「法律主義」は，社会教育において最も明瞭である。

　公民館は，それまで，教育基本法に図書館，博物館と並んでその名称が列挙されていたほかは，その設置のしかたや事業内容等について，具体的な規定は皆無であった。文部次官通牒を唯一の根拠として，活動が行われていた。法律で根拠づけられ，しかも，「公民館法」と通称されるほどに大きな比重でもって扱われるようになり，公民館への信頼感と安定感が増し，公民館活動に大きな前進をもたらした。

　文部次官通牒には，公民館に対する国庫補助の規定はなかった。必要に応じて事業補助がなされてはいたが，それとて臨時的なものである。社会教育法で

それが明確に制定された意味は大きい。しかも、法案での運営経費援助の任意規定を修正して、「予算の定めるところに従い、その運営に要する経費の補助その他必要な援助を行う」（第35条）と明確に言い切ったように、国庫補助に対する積極的な姿勢を見ることができる。その後この規定は、1959（昭和34）年の改正で、施設、設備その他について「補助することができる」と改められている。補助枠が施設、設備を含むように拡大されたとはいえ、補助の姿勢は後退したといわざるをえない。結局、法制定当初が最も明確な国庫補助規定を有していたことになる。

寺中作雄は「社会教育の自由の獲得のために、社会教育法は生れたのであるということができる」（『社会教育法解説』、1949年）と言う。憲法には「学問の自由」（第23条）はあるが、「教育の自由」はない。文部省関係者もそれを言わない。社会教育では、それを文部省担当官が堂々と宣言したのである。その意義は大きい。一般に法制化はなんらかの拘束・統制を伴う。社会教育法はそれを極力避けようとしている。行政の社会教育関係団体に対する指導・助言は「求めに応じ」てなされ（第11条）、また、社会教育関係団体は、いかなる方法によっても、統制支配や事業干渉をされてはならない（第12条）とされる。

それを最も強く印象づけるのが、民間社会教育関係団体への補助金禁止規定である。団体中心主義は補助金による操作を前提とする。憲法施行後も、第89条の規定にもかかわらず、団体助成が行われていた。教育刷新委員会は社会教育団体に対する「民法による監督以上の監督」を認めて、それを正当化しようとしていた。結局、1948（昭和23）年の社会教育局長通達によって、はじめて民間団体への財政援助が打ち切られた。社会教育法第13条は、このいわゆる「ネルソン通達」の趣旨を受けた「ノーサポート・ノーコントロールの原則」の再確認である。

「憲法第八九条にいう教育の事業について」（1957年）を受けて昭和32年附則で国際的・全国的スポーツ団体への補助金支出の道が開かれたことをきっかけとして、第13条は1959（昭和34）年に改正されて、補助金を支出する際の条件

を示すものに変わった。補助金によるコントロールの危険性を有しながら、同時に、教育行政の条件整備の自覚をも促すものになり得るといえよう。「社会教育審議会」（この部分はその後幾度か改正されたが、実質的には生涯学習審を経て現在中教審になっている）や「社会教育委員の会議」（これも2008年改正でそれに限定されないことになった）の意見を聴くことが補助金支出の条件となった。これを活用することに、地域民主主義実現の一縷の道があるのかもしれない。

社会教育の自由確保の姿勢は、1951（昭和26）年に追加された社会教育主事制度にも明瞭である。反動的傾向が顕著になりつつあるこの時期にもかかわらず、社会教育主事は「社会教育を行う者」の自主性を強く意識し、命令・監督を禁止している。同じ専門的教育職員として、教育委員会法（1948年）でまったく同じように規定されていた指導主事が、その後、地方教育行政法（1956年）のもとでその性格を大きく変えさせられたこととさわだった対照をなしている。

問題点もなくはない。公民館の目的を定義して、「公民館は、（中略）実際生活に即する教育、学術及び文化に関する各種の事業を行い、もつて住民の教養の向上、健康の増進、情操の純化を図り、生活文化の振興、社会福祉の増進に寄与することを目的とする」（第20条）としたが、戦後経済復興に果たした公民館の役割を考えるとき、教育・学術・文化への傾斜が公民館活動の画一化と実践的性格の希薄化、教養主義への矮小化につながるものとなりかねない側面を含んでいた。

また、公選の公民館委員会に代えるに、単に館長に意見を述べるだけの「公民館運営審議会」では、住民の意見反映の場は非常に制限されるものにならざるをえない。何よりも公民館活動の担い手たる公民館主事が必置されるどころか、その職名すら明示されなかったことは、公民館活動を実際に推進してきた各地の公民館主事たちに大きな失望を与えることになった。

社会教育法制は、社会教育法制定後急速に整備される。図書館法（1950年）、博物館法（1951年）も制定され、社会教育主事の制度も追加された。また、青年たちの自主的な学習の場としてスタートした青年学級に対して、国庫補助の

道が開かれていく（青年学級振興法，1953年）。

　社会教育法は1949（昭和24）年に制定されて以来，幾度かの比較的大きな改正が行われていたが，10年後の1959（昭和34）年社会状況の変化を考慮して大きな見直しが行われた。前述補助金問題のほか，社会教育主事の市町村設置，社会教育主事講習，社会教育委員の指導者的役割の復活，公民館主事職名の実現，公民館設置運営基準等多岐にわたる，まさに「大改正」であった。

　社会教育の成立基盤も変化する。地方教育委員会の一斉設置（1952年）は，教育行政の独立という戦後教育行政の原則の実現であるが，それは同時に，町づくり・村づくりの場としての公民館に対する町村当局の熱意を冷ます結果となる。さらに，町村規模そのものの拡大も，1955（昭和30）年前後の町村合併によって行われる。公民館，地域団体の活動単位そのものが変化するのである。1956（昭和31）年の地方教育行政法の制定はこれらに拍車をかける。

　このようにして，高度経済成長と社会変化の激動の1960年代を迎える。

3　経済成長と社会教育（1960〜70年代）

　1960年代の高度経済成長政策は，それまでの社会教育に非常に大きな衝撃をもたらした。産業構造全体が大転換期を迎えるとき，社会教育もそれに応じて変わらざるをえない。変わりえない部分は消滅するしかない。農業中心から第2次，第3次産業への転換は，必然的に都市への人口集中をもたらす。農村の過疎化と都市の過密化であり，都市化・工業化の進行である。

　「農村に青年がいない」という悩みは，公民館活動の最大の担い手であった青年団の組織に危機をもたらすことになる。農村青年の絶対数が減少したうえに，農業専業青年と兼業青年の間に，生活や意識の共通性が少なくなってしまった。青年団の衰退も当然であろう。

　すでに早く昭和30年代以来，青年学級の繁栄にも陰りが見えていた。農村青年の自主的な学習の場として，学力補充に果たした青年学級の役割は非常に大きかった。青年学級のためだけに青年学級振興法がつくられたことがそのこと

をよく示している。青年団は青年運動の場であり，青年学級はその学習教養の面を担うものとして，表裏一体の関係で発展してきた。しかし，青年学級振興法によって国庫補助が行われるようになってから，むしろ，逆に活動に停滞が見られるようになった。法制後一時学級数，学級生数とも急増したが，1960年代以降減少の一途をたどっている。

　その原因として，国庫補助による画一化による青年の自主性の希薄化があげられるが，むしろより以上に大きいのは社会的意義の変化である。戦時中満足に勉強できなかった青年たちの学力不足を補充するための自主的な学習の場として発足した青年学級は，この頃になると，新制中学校の定着，高校進学率の向上により，青年たちの学習意欲を喚起しなくなった。青年学級で勉強しなければならない必然性はなくなったのである。また，国庫公費による青年学級が，青年団員だけを対象に開設されることの問題性も問われるようになる。青年学級はその後，1963（昭和38）年から，「勤労青年学校」という名称で，都市中卒青年を主要対象に，学年制，コース制をもつ組織的・継続的大規模事業としてテコ入れされたりしたが，大きな効果は得られなかった。

　このように青年団と青年学級が，その成立基盤からおびやかされるようになり，従来の農村社会教育の破綻は明らかになってくる。地域主義，団体主義に代わって，新しい方向が求められることになる。地域活動の基盤が弱体化して非施設主義で対処できなくなり，住民の集まることのできる社会教育施設の意義が重要になる。経済成長はその財政的条件を可能にした。公民館の整備，建設は進み，デラックス化する。公民館のほかに，青年の家，少年自然の家，婦人教育会館等の新しい社会教育施設も整備される。これらが新しい住民活動の拠点として機能することが期待されたのである。とくに，都市地域のさまざまなグループ・サークルに対する活動の場の提供という意味は大きい。

　1960年代以降の社会変化はこのように社会教育に大きな変化をもたらした。それに応じた社会教育関係法の改正は急務であった。しかるにこの時期，関係法の改正はほとんど行われなかった。1970年代に一時その動きも見られたが，

結局立ち消えになった。この時期の大きな特徴として社会教育法の固定化が見られるといえよう。この傾向は1990（平成2）年の生涯学習振興法の制定まで，長くみると1999（平成11）年の地方分権一括法まで続く。

それに代わるかのように，各界からさまざまな社会教育論が提起された。「すべての市民に社会教育を」（枚方テーゼ，枚方市教育委員会），「進展する社会と公民館の運営」（文部省社会教育局），「中小都市における公共図書館の運営」（中小レポート，日本図書館協会）等である。いずれも1963（昭和38）年のことで，1960年代初頭の社会変化を乗り切るための社会教育界の悲痛な叫びであった。

これらに触発されたように，下伊那テーゼ，公民館三階建て論，三多摩テーゼ，市民の図書館，全国公民館連合会が提起した一連の公民館論などが出される。これらを集大成した感があるのが，社会教育審議会答申「急激な社会構造の変化に対処する社会教育のあり方について」（1971年）であり，新しい方向性を生涯教育論に見出そうとした。

博物館については，少し遅れて博物館基準が制定される（1973年）。これは社会教育関係法制の整備の一環のようにも見えるが，「博物館法に定める登録要件に係る審査基準でも，補助金の交付基準でもない」（昭和48年社会教育局長通達）という「望ましい基準」（博物館法8条）性は法制の整備というより，前掲公民館論と同質の文部省自身が提起した博物館論と見るほうがよかろう。

これらはいずれも高度経済成長後の都市化状況の激化のなかで，社会教育関係法改正に代わって出された社会教育の指針であったといえよう。

4　臨時教育審議会と生涯学習論（1980～90年代）

1980年代は社会教育の転換期である。地方自治体は，財政危機を「増税なき財政再建」という合理化，効率化，減量化策によって活路を見出そうとし，社会教育は，そのあおりを受けて再編合理化の波にもまれ続けた。臨時行政調査会の行革答申（1981年）は，国立青年の家などの国立施設の増設計画の凍結延伸，公立施設についても大幅な民営化，民間委託，非常勤職員・ボランティアの活

用等を提言して，1カ月前の中教審答申「生涯教育について」で活気づいていた社会教育界に冷水を浴びせた。

そのような風潮のもと，臨時教育審議会（1984～87年）は「生涯学習」を強調することによって，公的社会教育を民間の教育産業で代替しようとした。社会教育の必要性は進学率の低い時代のもので，「社会教育の歴史的使命は終わった」という主張も見られ，「社会教育終焉論」が政財界を風靡した。条件整備論の後退である。

生涯学習論の盛行は一見学習権の保障のように感じられるが，臨教審のそれは以前のものとは一線を画するものである。1981（昭和56）年の中教審答申「生涯教育について」は，生涯教育と生涯学習を，社会教育法第3条に規定する環境醸成と自己学習と同じように対置して，行政による条件整備の側面を強調していた。臨教審では後段の生涯教育＝環境醸成の側面がまったく見られない（4次にわたる厖大な答申中にも生涯教育の語が，生涯教育センターのような施設名としてしか見られないことも象徴的である）。

社会教育の公費削減に一つの根拠を与えるのが，受益者負担論である。公民館講座などの受講によって利益を受けるのは，講座を利用する個人であり，したがって，その費用は利用者本人が負担すべきであるというのである。一見受け入れられやすい立論のようであるが，権利としての教育の保障は，憲法が保障するように，人間の平等の権利に基づく近代公教育の基本原則である。学校教育，社会教育を問わず，その機会の均等化と拡大が図られるべきことはいうまでもない。高校・大学も有料なのだから社会教育も有料にすべきだという議論は，教育費負担の歴史的動向とも国際的潮流とも反する暴論である。むしろ，社会教育に倣ってこれらも無料化すべきであると主張すべきではなかろうか。

カルチャーセンターなどの各種民間文化事業の盛況は，必ずしも社会教育の機会の保障を意味しない。地域的偏在，経済的条件等によって機会が制限されるうえに，その学習内容に関しても，経営的に成り立つものだけに限定されがちになる。もとより，これらの事業が結果として生涯学習の一翼を担うという

ことにはなるが，これによって教育行政の条件整備義務を免除するものではない。公教育としての社会教育の整備の必要性は大きい。

　この臨教審の方針に即して，文部省社会教育局が生涯学習局へ再編され（1988年），その根拠を明確化するように生涯学習振興法（生涯学習の振興のための施策の推進体制等の整備に関する法律）が制定される（1990年）。そのきっかけとなった「生涯学習の基盤整備について」（中教審答申）は，1981年答申を忠実に引用して，臨教審の生涯学習論に一定の歯止めをかけたが，大勢を挽回するまでには至らない。

　結局，生涯学習振興法は，市町村中心主義に都道府県主義を導入するような結果になった。もとより，都道府県域を対象とする生涯学習事業が実施されても，県庁所在地以外の住民にとってはあまり意味がない。「地域生涯学習振興基本構想」という実体の伴わない空論だけが残ってしまった。

　社会教育の合理化の波は，社会教育職員の配転減員，公民館等地域施設のセンター化・拠点館化，社会教育施設の管理運営の民間委託，「第三セクター」への委託等のかたちをとって現れる。

　公民館は地域住民のための施設であり，小地域に配置されることによって，地域活動の拠点となってきた。それが，1980年代以降，公民館職員を地域館から引き揚げ，少数の中央館・拠点館に集中的に配置合理化をして，「福岡型」公民館や「西宮方式」等の解体が生じた。それにより，活動が専門化され，職員の負担も軽減されるというが，結局は，地域住民の関心を吸収することを困難にしてしまい，とくに中央館から遠い周辺住民にとっては学習の場を奪われるということになりがちである。

　民間委託はより一層深刻な問題である。施設の維持管理だけでなく，肝心の社会教育事業の財団委託も生じている。事業内容が経営効率の観点からだけで選択決定されかねず，民間カルチャーセンターと大差ない学習内容，参加者層，経費負担となってしまった。

5　地方分権・規制緩和と教育基本法の改正（2000年以降）

　行政改革の潮流は，地方分権・規制緩和の導入によって一層激化した。規制緩和とは不必要な規制を廃して，自由な競争をもたらそうとする競争原理である。グローバル化に伴う世界経済の動きがそれを不可欠にしたが，教育に導入されるとき，弱者切捨ての差別助長教育になってしまう。

　地方分権推進委員会の大方針のもと，中教審，生涯学習審も1998年に答申を提出して，規制の緩和の方向性を打ち出した。それがすぐに結果として現れたのが公民館・博物館基準の改正である。四半世紀（公民館基準では40年間も）にわたってまったく改正されなかった両基準が，その年のうちに一瞬にして改正された。長い間の社会教育関係法固定化が終わり，この後連年のように法改正が相次ぐことになる。法改正が行われるということは，法律に基づく社会教育行政に復したという意味で好ましいことともいえようが，あまりに拙速に過ぎよう。

　この改正により，公民館館長・主事の専任要件と博物館学芸員（補）の人数規定が削除された。百歩譲って規制が緩和されるべきだとしても，社会教育関係規定に果たして必置規制が存在したのだろうか。社会教育関係法の規定のほとんどは任意設置が普通で，せいぜい"する""置く"というにとどまる。学校関係法とちがって"しなければならない"と義務づけているわけではない。まして博物館基準は，設置・運営上の「望ましい基準」（博物館法8条）として制定されたものであり，前述のように，文部省はわざわざ「審査基準でも，補助金の交付基準でもない」と解説していた。このような基準の人数規定がはたして必置規制といえるのかどうか，疑問である。

　もともと，社会教育は自治体の自主性を強調し，市町村中心主義を標榜してきた。社会教育は本来地方分権であった。だからこそ，国全体としての一定の基準が必要だったのであり，民間でも前述のように各種指針・テーゼを提起して，条件整備の実をあげようとしてきた。社会教育の世界には無用な規制はまったくなかったといえよう。それが，このように，単に設置するというだけの

規定が緩和の対象となって，教育行政の条件整備・環境醸成の責務を放棄してしまった。

この状況は，地方分権一括法（地方分権の推進を図るための関係法律の整備等に関する法律,1999年）によって一層加速化した。地方の自主性を生かすという美名のもと，公民館運営審議会の「必置規制」の削除，社会教育委員等の選任要件の緩和，国庫補助を受ける公立図書館長の司書資格の削除などが行われた。

社会教育委員等の緩和について付記すると，従来，社会教育委員，公民館運営審議会委員，図書館協議会委員は，3号（図書館協議会は5号）にわたる選出要件を規定して，区域内の社会教育関係団体や各種団体・機関の代表を含むことによって，地域の意見を反映させることになっていた。それが規制に当たるとして，博物館協議会と同じく，「学校教育及び社会教育の関係者並びに学識経験のある者の中から委嘱する」と自由化された。社会教育における地域主義の伝統が無視されてしまったのである。

一連のこのような緩和が行われる一方で，図書館基準が制定された（2001年）。さすがに規制改革下の基準制定に後ろめたさを感じたのか，その基準名は博物館基準とはちがって，図書館法の規定そのままの「公立図書館の設置及び運営上の望ましい基準」となっている（後述のように博物館基準も2003年同じ名称に統一された）。これによって，地方分権一括法で削除された館長の司書資格を復活させた。「望ましい基準」の規定において「望ましい」としただけで，規制したわけではないという論理によるのであろうが，それならばなぜ博物館基準から人数規定が削除されたのか，この間の事情は非常にわかりにくい。

同じような規制の復活ともいえるのが，委員選出要件である。折からの家庭教育重視策とあいまって社会教育委員と公民館運営審議会について，上述の部分に「家庭教育の向上に資する活動を行う者」を追加した（2001年）。規制の緩和と強化が相次ぐという問題点のほかに，なぜ図書館・博物館協議会には同じ要件が入らないのか，このあたりもわかりにくい（この点は2008年改正で同じようになった）。

図書館基準の制定後，公民館・博物館基準の全面改正が続いた（2003年）。博物館基準は図書館基準と同じような名称になり，公民館基準にいたっては，設置運営上必要な基準とされながら，ほとんど全条文において「努めるものとする」という努力規定になり，実質的に博物館・図書館基準と同様の望ましい基準になってしまっている。

　地方分権一括法と同時に中央省庁再編法も制定されたが，その施行は翌年にずれて，混乱に拍車をかけた。

　このようにして，2006（平成18）年の教育基本法の全部改正になった。個々の条文についての議論は措くとして，環境問題や障害者の人権への配慮，語句表現の修正など評価すべき点がなくはないが，なんのためにこの時期に改正されなければならなかったのか，その意味が判然としない。教育荒廃がそれだけ激化したということかもしれないが，それは基本理念たる教育基本法の責任ではない。

　改正以前，教育改革国民会議（私的懇談会にどれほどの根拠があるのか）の審議中，タウンミーティングの論議は，教育基本法よりも家庭教育や奉仕活動に集中していた。だからこそ，「教育を変える十七の提案」（2000年）の報告後すぐに，家庭教育・奉仕活動の追加が社会教育法等で行われた。中教審では拙速すぎる審議によって「新しい時代にふさわしい教育基本法と教育振興基本計画の在り方について」（2003年）を答申したが，国会審議は大幅に遅れた。国会で慎重な審議がなされたのならともかく，強行採決や審議拒否では国民的な議論を重ねたうえでの改正とはいいがたい。

　それでも教育基本法は改正され，2008（平成20）年12月22日公布，即日施行された。

　社会教育に関連しては，第12条「社会教育」のほかに，「生涯学習の理念」（第3条），「家庭教育」（第10条），家庭教育の一環としての「幼児期の教育」（第11条），「学校，家庭及び地域住民等の相互の連携協力」（第13条）が追加された。生涯学習の理念は旧法第3条のあらゆる機会・あらゆる場所における教育の生

涯化であり，また，相互の連携協力は2001年追加の社会教育法第3条第2項の追認であるともいえよう。

　社会教育の条文から家庭教育が消えて独立したことは，社会教育にとって大きな変更である。ただ，社会教育とは別に家庭教育の項目ができたというよりは，社会教育の項目が拡大されたというべきであろう（学校教育も1カ条から4カ条に拡充された）。もし社会教育と別に家庭教育が独立したのなら，学校教育法・社会教育法と別に「家庭教育法」（こんな法律ができたらたまったものではないが）が制定されるべきかもしれないが，そのような様子はなく，2008年の社会教育関係法改正では，社会教育関係法のなかに（つまり社会教育のなかに）家庭教育関連の項目が追加されている。それから考えても別のものが加わったわけではなかろう。

　「勤労の場所」の削除も論議を呼んだ。ただ，旧労働省・農林省との職業教育・農業教育についての取り決め（1948年）以来，社会教育行政として勤労の場での教育や職業教育がとくに重視されてきたわけではなく，実態に即したともいえよう。もちろんこれらが社会教育として排除されたわけでないことはいうまでもない。「社会の要請」や「個人の要望」による社会教育は，従来，必要課題・要求課題と言い慣わされてきたが，個人的ニーズの生涯学習はカルチャーセンターが受けもつという棲み分け論に一石を投じるものともなろう。

　2008年には，教育基本法改正に関連して，社会教育法等（社会教育法，図書館法，博物館法）が改正された。その主要改正は，すでに関連部分でふれたので省略する。

　1959（昭和34）年社会教育法改正を最後に法改正は本格的には行われなかったが，地方分権一括法以来のこの10年間大きな改正が相次いでいる。教育行政はもともと法律に基づいて行われるべきで，これまで改正されなかったことには大きな問題があった。その意味では法による行政の可能性が出てきて，好ましいことかもしれないが，このところの改正はあまりに急激にかつ短期間に過ぎる。教育は長期間にわたる視点が大切であろう。

規制緩和・地方分権とは，住民の目の届く身近な場で行政が行われるということを意味する。しかし目下進行中の規制改革は，それとは逆に住民から遠ざかりつつあるように思われる。市町村合併はその典型であり，道州制が実現したらそのおそれは一層強まりそうである。新教育基本法のもと，住民自身が関与参画しながら，真の地方分権に基づく新しい社会教育が創造されなければならない。

第3節　社会教育行政の現代的役割と課題

1　社会教育行政の役割

　教育行政は，大きくは学校教育行政と社会教育行政に分類することができる。
　学校教育行政は，幼稚園・小学校・中学校・高等学校・中等教育学校・特別支援学校・大学・高等専門学校をはじめ，専修学校・各種学校などで行われる組織的かつ継続的な教育活動を，教育基本法に掲げる教育の目的「人格の完成を目指し，平和で民主的な国家及び社会の形成者として必要な資質を備えた心身ともに健康な国民の育成を期して行われなければならない」（第1条）の実現のために，学校教育に関する施策を総合的に策定し実施するものである。
　いっぽう，社会教育行政は，学校の教育課程として行われる教育活動を除いた教育活動を通じて，先の教育の目的実現に向けて，社会教育に関する施策を総合的に策定し実施するものである。
　社会教育行政の役割については，教育基本法第12条（社会教育）に，「個人の要望や社会の要請にこたえ，社会において行われる教育は，国及び地方公共団体によって奨励されなければならない」と記されており，国や地方公共団体は，教育活動を直接的に実施するのではなく，そうした活動が国民の間で広く行われるよう「奨励」することが期待されている。
　その方法については，同条第2項に「図書館，博物館，公民館その他の社会教育施設の設置，学校の施設の利用，学習の機会及び情報の提供その他適当な

方法によって社会教育の振興に努めなければならない」と記されている。つまり公民館や図書館，博物館のような社会教育施設を設置すること，または学校の施設などを利用して，学習の機会や学習情報の提供などを通じて，社会教育を振興することが求められている。

また，社会教育法第3条第1項には「すべての国民があらゆる機会，あらゆる場所を利用して自ら実際生活に即する文化的教養を高め得るような環境を醸成するように努めなければならない」とあり，また同第2項には「必要な学習の機会の提供及び奨励を行う」，同条3項には「学校，家庭及び地域住民その他の関係者相互間の連携及び協力の促進に資することとなるよう努める」と規定されている。

この条文の「環境の醸成」「提供及び奨励」「連携及び協力の促進」ということばからもわかるように，社会教育行政の役割は，国民に対して社会教育活動を直接的に取り組むのではなく，すべての国民が自主的・積極的・共同的に学習活動に取り組むための条件整備を行うことである。

国，地方公共団体（都道府県・市町村）の役割分担については，教育基本法第16条（教育行政）に「適切な役割分担及び相互の協力の下，公正かつ適正に行われなければならない」と示されているように，教育が円滑かつ継続的に実施されるためには，それぞれが担う役割を十分自覚し，社会教育活動が効果的に国民の間で展開されるような施策の実施とともに，その財政的措置を講じなければならないのである。

2 国の果たす役割

国における社会教育行政は，文部科学省の生涯学習政策局が第一義的に取り組むことになる。

文部科学省の組織は，生涯学習政策局，初等中等教育局，高等教育局，科学技術・学術政策局，研究振興局，研究開発局，スポーツ・青少年局の7局が設置されており，学校教育や社会教育，生涯学習の振興をはじめ教育・科学・学

術・スポーツ及び文化の振興のための事務を担当している。

　生涯学習政策局には政策課，調査企画課，生涯学習推進課，社会教育課，男女共同参画学習課の5課がおかれ（旧青少年教育課はスポーツ・青少年局青少年課になった），生涯学習や社会教育，スポーツ及び文化の振興に関する政策の企画・立案をはじめ，社会教育主事や図書館司書，学芸員などの資格認定，図書館・博物館・公民館などの社会教育施設の整備のための補助，社会教育としての通信教育，家庭教育の支援，専修学校及び各種学校の教育及び社会教育の指導・助言などの事務を行っている。

　社会教育や生涯学習の視点から見ると，スポーツ・青少年局で取り組んでいるスポーツ施設及び青少年施設などの整備，スポーツ振興策，青少年教育の振興なども社会教育の範疇であるといえる。

　また，文化庁において事務を行っている文化財保護関係，芸術・文化の振興，文化施設に関することも，同じく社会教育の範疇とみることができる。

(1) 社会教育の振興のための法整備

　国は，こうした社会教育・生涯学習を全国的に推進していくために，社会教育に関連する法整備を行っている。社会教育法，図書館法，博物館法，スポーツ振興法，生涯学習振興法などがそれである。もちろん，これらの法律は，日本国憲法そして教育基本法の理念を実現していくための法律である。

　なお，教育基本法は，1947（昭和22）年に制定されて以来初めての改正が2006（平成18）年に行われており，それに基づいて，社会教育法・図書館法・博物館法なども一部改正されている（2008年）。

(2) 社会教育振興のための基本方針の策定

　国は，国や地方公共団体の教育や社会教育・生涯学習の振興，学術・文化の振興のために時代の動きに即した方針を作成するために各種審議会を設置し，委嘱された委員が審議を行い，その時代にあった，また未来に向けた振興策を

調査・研究・検討し，答申・報告を行っている。

　1950（昭和25）年に設置された社会教育審議会では，社会教育振興のために「青年学級の改善方策について」(1957年)，「公民館の充実振興方策について」(1957年)，「急激な社会構造の変化に対処する社会教育の在り方について」(1971年)，「在学青少年に対する社会教育の在り方について－家庭教育，学校教育と社会教育の連携」(1974年)，「社会教育主事の養成について」(1986年) などの答申・報告・建議を提出している。

　1953（昭和28）年に設置された中央教育審議会は，教育全般にわたり多くの答申・報告を提出しているが，社会教育・生涯学習に関連しては「生涯教育について」(1981年)，「生涯学習の基盤整備について」(1990年)，「新しい時代を切り拓く生涯学習の振興方策について～知の循環型社会の構築を目指して」(2008年) などを出している。

　1990（平成2）年に設置された生涯学習審議会は，「今後の社会の動向に対応した生涯学習の振興方策について」(1992年)，「地域における生涯学習機会の充実方策について」(1996年)，「社会の変化に対応した今後の社会教育行政の在り方について」(1998)，「学習の成果を幅広く生かす－生涯学習の成果を生かすための方策について－」(1999年) などの答申・報告を提出している。

　先の社会教育審議会は，生涯学習審議会が設置された際にそれに吸収され，2001（平成13）年の国の行政改革で中央省庁が再編され，文部省が文部科学省になったときには，この生涯学習審議会も廃止され，その機能は中央教育審議会が引き継いでいる。

(3) 社会教育推進のための施策の実施

　国は，こうした法の整備や社会教育・生涯学習の振興のための基本方針の策定のほかに，国としての独自の施策も実施している。

　① 国立社会教育施設の設置・運営

　文部科学省の所管になる社会教育施設としては，国立青少年交流の家（13施

設), 国立青少年自然の家 (14施設), 国立オリンピック青少年総合センターがあり, 青少年教育について全国レベルでの社会教育事業を実施している。これらの施設の管理運営は, 2001 (平成13) 年に先の省庁再編により独立行政法人が設置され, それぞれの独立行政法人によって管理運営されてきたが, 2006 (平成18) 年にはこの3独立行政法人が統合され, 独立行政法人国立青少年教育振興機構が管理運営を行っている。そのほかに国立女性教育会館があり, これも独立行政法人によって管理運営されている。

そのほかに, 国立の博物館としては, 東京・奈良・京都・九州国立博物館 (独立行政法人国立文化財機構), 国立科学博物館 (独立行政法人科学博物館) があり, 大学の共同研究機関 (大学共同利用機関法人人間文化研究機構) として設置されている国立民族学博物館 (大阪府)・国立歴史民俗博物館 (千葉県) などがある。

② 人材養成

国は, 図書館・博物館・公民館などの社会教育施設や社会教育行政で専門的職員として働く図書館司書, 学芸員, 社会教育主事の資格認定に関わる業務がある。各社会教育施設は社会教育機関として, その機能を十分に発揮するために専門教育を受けた専門的職員の配置が求められている。そのため, 国はこれらの職種の資格認定や大学教育のなかで資格修得するための修得科目・単位数などを規定したり, また講習会を開催するなどして有資格者の増員を図ってきた。

③ 社会教育調査の実施

文部科学省は, 社会教育行政に必要な社会教育に関する基本的な事項を明らかにすること及び生涯学習・社会教育の実態を把握し, 今後の関連行政の推進のための基礎資料を得ることを目的として, 1955 (昭和30) 年度以降は3年から5年ごと, 1975 (昭和50) 年度以降は3年ごとに社会教育調査を実施している。

調査項目としては,「社会教育行政調査」では,「社会教育行政の実施状況」「社会教育関係職員・社会教育委員」などについて,「公民館調査」「図書館調

査」「博物館調査」「青少年教育施設調査」「女性教育施設調査」「社会体育施設調査」では，「各施設の状況，事業の実施状況，職員の配置状況，利用状況」などを，「生涯学習関連事業等調査」では「学級や講座の開設状況，指導者研修事業の実施状況」などを，そのほかに博物館類似施設・民間体育施設・文化会館などの状況についても調査を行っている。

　これらの調査報告は，わが国の社会教育・生涯学習の進展の経過を知る資料として貴重なものである。

　④　地方公共団体の支援

　国は，地方公共団体が社会教育を進める際に，先進的な事例について補助制度を利用して都道府県・市町村に提供し，その普及を図ってきた。

　青年学級（1953年），婦人学級（1956年），家庭教育学級（1964年），高齢者教室，婦人ボランティア促進事業（1976年）など数多くの補助金事業を準備し，各地域で取り組まれるように奨励をしてきたが，時代の推移とともに，こうした補助事業も廃止されてきた。今日では，放課後の子どもたちの健全育成を図るための「放課後児童健全育成事業」が進められている。

　また，国は地方公共団体が社会教育施設を建設する際には，建設補助金を支出することによって，多くの社会教育施設が建設されてきた。これにより各地方公共団体には図書館，博物館，公民館，青少年教育施設などが建設され，それぞれの施設で社会教育活動が展開されてきたが，平成10（1998）年度には，所期の目的を達成したとしてこの公立社会教育施設整備費補助金制度は廃止された。

　⑤　教育振興基本計画の策定

　国は，新教育基本法に基づき2008（平成20）年7月にはじめての教育振興基本計画を策定した。この計画は，教育の振興に関する施策の総合的かつ計画的な推進を図るため，教育の振興に関する施策についての基本的な方針及び今後10年間を見通しつつ，この5年間に取り組むべき施策を明らかにしたものである。全体は，次の4章で構成されている。

第1章　我が国の教育をめぐる現状と課題
第2章　今後10年間を通じて目指すべき教育の姿
第3章　今後5年間に総合的かつ計画的に取り組むべき施策
第4章　施策の総合的かつ計画的な推進のために必要な事項

　社会教育・生涯学習に関しては，第3章の「基本的方向1　社会全体で教育の向上に取り組む」の「④いつでもどこでも学べる環境をつくる」において主として取り扱われ，施策として次の6項目があげられている。

・図書館・博物館の活用を通じた住民の学習活動や個人と地域の自立支援の推進（地域の知の拠点）
・公民館等の活用を通じた地域の学習拠点づくり（地域の学習拠点，人づくり・まちづくりの拠点）
・持続可能な社会の構築に向けた教育に関する取組の推進（ESDの取組）
・人権教育の推進，社会的課題に対応するための学習機会の提供の推進
・地域における身近なスポーツ環境の整備（総合型地域スポーツクラブ等）
・「学び直し」の機会の提供と学習成果を社会で生かすための仕組みづくり

3　地方自治体の果たす役割

　地方公共団体の教育行政の仕組みを規定しているのは，地方教育行政法（地方教育行政の組織及び運営に関する法律，1956年）である。この法律は，教育委員会の役割や学校教育，社会教育，教育機関などについて規定している。

　同法第23条（教育委員会の職務権限）には，教育委員会が処理する事務として19号あげられており，そのうち社会教育に関連するものとしては，1．教育委員会の所管に属する第30条に規定する学校その他の教育機関の設置，管理及び廃止に関すること，12．青少年教育，女性教育及び公民館の事業，その他社会教育に関すること，13．スポーツに関すること，14．文化財の保護に関すること，15．ユネスコ活動に関すること，などがある。

　また第30条（教育機関の設置）には，学校，図書館，博物館，公民館その他

の教育機関を設置することを規定している。今日、生涯学習の推進により、首長部局による学習・文化活動などの生涯学習関連事業の取り組みが拡大しつづけている。

島根県出雲市では、教育委員会と首長の間で教育委員会の事務補助に関する覚書（平成13年3月）を交わすことにより、①芸術・文化（文化財に関することを含む）に関すること、②スポーツに関すること、③生涯学習（公民館を含む）に関すること、④図書館に関すること、の事務を首長部局が事務補助ということで執行することが可能となった。

そして、地方分権推進という視点から2004（平成16）年の地方自治法の改正により、教育委員会は、その権限に属する事務の一部を首長部局に委任または補助執行させることができる（第180条の7）という規定が設けられ、どこの地方公共団体でも、社会教育行政が担っていた学習・文化活動の事務を首長部局に委任または補助執行させることができるようになった。

これを受けて、2007（平成19）年に地方教育行政法が改正され、スポーツ・文化については条例の定めるところにより首長が所管管理し、執行できることとなった（第24条の2）。また、この改正時には、教育委員会はその所管事務の管理・執行状況についての点検・評価を行い、その報告書の作成公表が求められ（第27条）、さらに地域の意見を生かすために教育委員に保護者を加えることを義務づける（第4条4項）などが追加された。

(1) 都道府県の果たす役割

各都道府県においても、国の社会教育・生涯学習の振興政策に合わせて、各種の施策を実施している。

都道府県では、生涯学習振興法に基づき生涯学習審議会の設置、地域生涯学習振興基本構想の策定、同法3条に規定された事業の実施、社会教育法第6条に規定された都道府県の教育委員会の事務執行をとおして、広域的な社会教育・生涯学習の振興に努めている。

京都府では，1994（平成6）年1月に「京都府の生涯学習振興基本構想（京都OWN学習プラン―京都自身の特色ある生涯学習）」を策定し，府民一人ひとりが生涯学習に取り組める環境づくりを，府庁全体で取り組んでいくことを明らかにしている。
　社会教育推進のための都道府県の役割としては次のようなものがある。
　①　都道府県立社会教育施設の設置・運営
　都道府県は，広域的に社会教育・生涯学習事業を実施するために都道府県立図書館や博物館，生涯学習センター，青少年教育施設，女性教育施設などの社会教育施設を設置してきた。こうした施設は，都道府県下の市町村が設置する社会教育施設と連携を図りながら住民の社会教育・生涯学習の振興に努めてきた。
　②　人材養成
　各市町村の教育委員会で社会教育・生涯学習・生涯スポーツなどを担当する職員への専門的研修の実施や先進事例の研究などを通じて，社会教育に携わる職員の資質の向上に努めている。また同時に，広域的に社会教育・生涯学習・生涯スポーツ活動を実施する団体などに対する指導者養成事業なども積極的に行い，指導者層の拡大と資質の向上に努めてきた。
　③　社会教育調査の実施
　都道府県民の社会教育・生涯学習などに対する要求をはじめ，各市町村で実施している学級・講座の状況，社会教育施設の設置状況，職員の配置状況などを適切につかむための調査活動なども実施している。
　たとえば，群馬県では，「市町村の生涯学習推進体制の整備状況等に関する実態調査」（平成19年3月，群馬県生涯学習センター）において，「生涯学習・社会教育主管担当課の現状」「生涯学習の推進組織」「生涯学習奨励員等の設置状況」「生涯学習推進状況」「社会教育施設の施設運営の現状」「職員の勤務体制」「指定管理者制度の導入」などの項目について調査を実施している。また，「住民を対象とした各種事業に関する実態調査～市町村教育委員会関係機関・

施設編」(平成18年3月, 群馬県生涯学習センター)では, 県下の市町村教育委員会, 公民館, 図書館, 博物館, 文化会館, 青少年教育施設などで開設している社会教育・生涯学習事業の現状を調査し, その報告をまとめている。

④ 市町村の支援

都道府県では, 社会教育・生涯学習の振興を図るために, 社会教育・生涯学習事業の振興策や社会教育施設の整備, 社会教育・生涯学習指導者の養成確保のための施策を実施している。また, これまで社会教育施設の充実や社会教育事業推進のための都道府県独自の財政援助を行ってきたが, 昨今の財政状況の悪化に伴いその制度の見直しが進められ, 支援策の後退を余儀なくされている。

(2) **市町村の役割**

住民の一番近いところで社会教育・生涯学習活動が展開されるのが市町村である。したがって, 住民にとって市町村の社会教育の整備・充実は, 切実な願いでもある。

① 社会教育・生涯学習振興計画の策定

各市町村においても, 国及び都道府県の社会教育・生涯学習の振興策を参考に, 市町村の社会教育・生涯学習が効果的に推進されるための施策のあり方や推進体制, 事業, 施設のあり方を検討するために社会教育・生涯学習の振興計画の策定を行っている。これらは, 市町村の将来像を定め, 計画行政を実施するための「総合計画」に基づき策定されているものである。

市町村で, こうした社会教育計画や生涯学習計画の策定にかかわる事務を担当しているのが主に社会教育主事である。

② 社会教育推進のための施策の実施

各市町村教育委員会は, 住民の社会教育・生涯学習の拠点となる社会教育施設として, 公民館や図書館, 博物館などを設置し運営している。

文部科学省の「平成20年度社会教育調査(中間報告)」では, 公民館(類似施設を含む)は全国に1万6566, 図書館3165, 博物館1245, 博物館類似施設4528,

青少年教育施設1130，女性教育施設380，社会体育施設4万7925，民間体育施設1万7323，文化会館1893である（平成20年10月1日現在，都道府県立をも含む。ただし，公民館は市町村立のみ）。公民館・青少年教育施設・社会体育施設は，前回の調査（平成17年度）からは減少の傾向が見られるが，ほかの施設は増加の傾向にある。これは，市町村合併による施設の統廃合や男女共同参画センターの設置などによるものと思われる。

　これらの社会教育施設は，住民が身近に利用できるものであり，住民の社会教育・生涯学習活動の拠点となっている。市町村は，こうした施設がさらに有効に利用されるために施設の整備をはじめ，各施設で多様な事業を開設し，住民の学習要求を満たすとともに自主的な学習を促している。

　こうした施設が，住民が利用しやすい施設となり，また住民の学習要求に沿った事業が実施されるためには住民の意見が施設の管理運営に直接反映されなければならない。そのために，公民館には公民館運営審議会，図書館には図書館協議会，博物館には博物館協議会が設置され，住民の代表が各委員となって施設運営について意見を出し，住民の声を反映した運営がされてきた。

　しかし，国の行政改革のなかで，1999（平成11）年に社会教育法が改正され，公民館運営審議会の設置が任意化された。その結果，公民館運営審議会を廃止する市町村も出てきた。図書館協議会や博物館協議会は当初から任意設置ではあったが，多くの市町村では積極的に設置をしてきたが，国や地方公共団体の行政改革や規制緩和策により，廃止または生涯学習審議会などへの統合が図られ，設置数は減少傾向にある。

　③　人材養成

　市町村では，国のボランティア育成事業などを契機にして，公民館・図書館・博物館などで，社会教育・生涯学習活動を支援する社会教育施設ボランティアの養成に取り組んできた。公民館での各種講座の講師，図書館での図書整理やお話し会，博物館での入館者に対する展示解説などの活動をボランティアが支えている。

また，市町村で活動を進める体育関係者やPTA関係者，自治会関係者などを対象に指導者養成講座の開設を行うなど，地域の人材養成を行ってきた。同時に，それぞれの団体の要請があれば，運営にあたっての指導や助言，情報等の提供を行っている。

④　豊かな社会教育・生涯学習事業の開設

公民館では，各種講座や学級の開設，文化・レクリエーション事業などをはじめとする多彩な主催事業を実施し，住民の学習要求に応えると同時に，公民館を拠点として活動する住民のサークル活動の支援などが行われている。図書館では，図書の貸し出しとともに，レファレンスサービス，幼児や児童のためのお話し会や読書相談などの事業が取り組まれ，博物館では各種の文化的資料の展示などを通じて地域文化の掘り起こしや普及を図っている。

市町村のなかには，生涯学習活動をまちづくりのために活用するところもあり，2006（平成18）年7月現在「生涯学習都市宣言」をした市町村は，156市町村にのぼっている。

4　教育委員会の制度

教育委員会は，地方教育行政法に基づき都道府県及び市町村等に設置される合議制の機関であり，学校教育，社会教育，生涯学習，文化，スポーツなどの幅広い施策を展開している。

(1)　教育委員会制度の意義

教育委員会制度は，地方教育行政法第1条の2（基本理念）「地方公共団体における教育行政は，教育基本法の趣旨にのっとり，教育の機会均等，教育水準の維持向上及び地域の実情に応じた教育の振興が図られるよう，国との適切な役割分担及び相互の協力の下，公正かつ適正に行われなければならない」を具現化するためのものである。この制度が発足した1948（昭和23）年には教育委員の公選制がとられ選挙によって委員が選ばれていたが，1956（昭和31）年の

法律改正により任命制の教育委員となった。

　教育委員会制度は、政治的中立性の確保、継続性・安定性の確保、地域住民の意向の反映が求められており、そのため地方公共団体の行政委員会の一つとして、首長への権限の集中化を防止し、中立的・専門的な行政を行うために、首長部局からは独立して教育行政を担当している。

(2) 教育委員と教育長

　教育委員は、都道府県・市では5名が、町村では3名がそれぞれの議会の同意を得て選任されている（条例で定めることによって都道府県・政令指定都市では6名以上、町村は3名以上にすることも可能である）。教育委員のうちの1名を教育長として任命し、教育委員会事務局の事務を統括し、教育委員会の方針・決定のもとに事務を執行し、また事務局職員を指揮監督している。

(3) 教育委員会の事務

　教育委員会の事務としては、学校の設置、校舎等の施設・設備の整備、教職員の人事及び研修など学校教育の振興に関すること、生涯学習・社会教育事業の実施、公民館、図書館、博物館などの設置管理、社会教育関係団体等に対する指導、助言、援助などの生涯学習・社会教育の振興に関すること、文化財の保存、活用、文化施設の設置運営、文化事業の実施など芸術文化、文化財の保護にかかること、スポーツ事業の実施、体育館、陸上競技場などのスポーツ施設の設置運営、指導者の育成確保などのスポーツ振興にかかわる事務を行っている。

　社会教育・生涯学習の振興は、この教育委員会事務局内の社会教育課（生涯学習課）や生涯スポーツ課、文化財保護課などが担当をしている。またこうした部局には、社会教育の専門職員としての社会教育主事が配置されているのである。

第2章　社会教育施設の管理運営

第1節　社会教育施設と専門職員

1　社会教育施設と社会教育行政

　社会教育施設の運営の問題を検討するには，社会教育施設と社会教育行政（教育委員会）の関係，役割分担について検討する必要がある。教育機関は教育事業を実施し，教育委員会はそのための条件整備のための教育行政を取り扱うことは自明の理である。その当然すぎる原則に，社会教育では若干の混乱が生じているようである。

　たとえば，公民館について，社会教育法第5条（教育委員会の事務）と第22条（公民館の事業）の規定の間の重複と混乱は覆うべくもない事実である。教育委員会の事務としての「講座の開設及び討論会，講習会，講演会，展示会その他の集会の開催並びにこれらの奨励に関すること」（第5条6号）と，公民館の事業たる「定期講座を開設すること」（第22条1号），「討論会，講習会，講演会，実習会，展示会等を開催すること」（同2号）の間に区別をつけることは非常にむずかしい。

　2000（平成12）年に青年学級振興法が廃止される以前は，青年学級について，教育委員会は「青年学級の開設及び運営に関すること」，公民館は「青年学級の実施」となっていて，その表現に微妙なちがいを見せていたが，それでもわかりにくいことは同じであった。

　結局，教育委員会も公民館もともに，講座を開設し，討論会等の各種集会を開催するというわけで，そのちがいを誰にでもわかるように説明することは不

可能であろう。これらの事業実施のほかにその「奨励」の役割が併せて教育委員会に課せられている点が異なるだけである。

　このようなわかりにくさについて，文部省は「社会教育法令の解釈について」（昭和26年，社会教育局長回答）で，教育委員会の「事務」と公民館の「事業」のちがいを次のように説明していた。事務とは「事業を行うに当つてなす個々の行為を指すとともに，広く国，地方公共団体その他の組織において，その組織体のためになす行為全般（権力的非権力的すべてを含めて）を指すと解せられる」。いっぽう，事業とは「一定の目的の下に同種の行為を反復継続的に行い，その行為が権力の行使を本体としない場合を指すと解せられる」。したがって，「『事務』の方が幅の広い内容を指しているので，『事務』の中にいわゆる事業も含まれているとともに，それ以外の行為（たとえば社会教育法第五条の社会教育委員の委嘱に関すること等）も含まれている」。

　第５条は包括的な規定で，公民館の事業も教育委員会の事務の一環であり，第22条との間には「重複する部分があることは当然に予想されるものである」。しかしだからといって，教育委員会が第５条の事務をすべて必ず行うよう強制するものでなく，「公民館において行い得る事業で既に十分効果のあがつているものについて，しいて市町村社会教育担当課において重ねて行うべきことを規定したものではない」。いずれにしろ画一的に定めるべきでなく，「両者の当事者をして市町村全体の立場に立つて，実情に応じ十分に協議させた上，市町村民のため最も効果あるよう決定されたいこと」。要するに，教育委員会も公民館も教育事業を実施できるという解釈であるが，ただ，公民館でできる部分は公民館に委ねるほうがよいというのである。

　これでは，教育委員会が直接教育事業を実施することを認めるわけで，教育行政と教育機関の役割分担に混乱が生ずることになる。これが制定された当時は旧教育基本法第10条の「条件整備」が存在したわけで，それに明確に違反していたといわざるをえない。

　その混乱をさけるためか，文部省では1971（昭和46）年，社会教育審議会の

答申を受けた後の都道府県教育長宛て通知において，教育委員会と社会教育施設の役割分担を説明している。「市町村教育委員会は，公民館その他の社会教育施設の充実に努め，これらの施設を通じて社会教育事業を行なうことを原則とし，直接市町村住民を対象とする社会教育事業を行なうことはできるかぎり抑制すること」(昭和46年社会教育局長通知)。都道府県の場合も，施設の設置・奨励のほかに指導者の研修が加わるほかはまったく同じような表現になっている。つまり，教育事業を実施するのはあくまでも社会教育施設であり，教育委員会はその施設の設置や指導者研修に徹すべきであるとした。

　つまり，教育基本法の原則のとおり，教育機関と教育行政の役割は明確に区別されなければならないというのである。その意味では，先の解釈に反するものとなっている。

　もっとも，「原則として」「できる限り抑制すること」という表現は，このような役割分担が絶対的なものではなく，場合によっては例外があり得ることを容認しているようでもある。学校教育においてはこのような混同は生じない。「学力テスト」が文部科学省用語では，「学力調査」になり，調査であって教育を行っているというわけではないというように，教育事業を教育行政が直接実施してよいという見解を文部科学省はとらない。

　社会教育でこのような不明瞭さが生じるのは，教育基本法第12条第2項(旧法第7条2項)及び社会教育法第3条ともに，社会教育奨励の方法のいくつかの方法の一つとして施設の設置があげられているにすぎないために，施設づくり以外の方法，つまり，教育委員会が直接に「集会の開催」というかたちで，定期講座・講演会などの教育事業を実施することを認めているとも取れる条文になっているからであろう。

　新教育基本法になって，国・自治体の任務として「学習機会の提供」が認められるようになり，混乱は一層増大するかもしれない。

　結局，教育基本法に違反している疑いが濃厚であるが，第5条で教育委員会が教育事業の開催を認めている以上，「合法ではあるが，正当であるとはいえ

ない」(藤田秀雄「社会教育法の制定」) ことになる。やはり，教育基本法第10条の原則通りに，教育行政と教育事業との間には明確な役割分担がなされるべきであろう。そのためには，社会教育施設の設置が不可欠であり，各自治体に何らかの施設が設置されていなければならない。

　一般行政と教育行政の間の関係でも，社会教育行政が首長に協力させられることになっている (社会教育法第7条　教育委員会と地方公共団体の長との関係)。かつて，京都市の照会に対して，旧文部省は「社会教育のための機関」として博物館，美術館，音楽堂等は明確に教育委員会所管施設であるとした (昭和25年社会教育施設課長回答) が，京都市ではいまだにこれらは首長部局におかれている。このような一般行政との関係においても，社会教育行政には戦後の原則からの逸脱が見られる。社会教育行政の問題点の一つである。

　近年，とくにこの傾向は顕著で，社会教育・文化・スポーツの所管を首長部局に移管しようとする動きも起こっている。2007年改正で，スポーツ・文化については首長が所管できることとなった (地方教育行政法第24条の2)。社会教育については従来どおりとされているが，今後の予断を許さない。

2　公民館と公民館主事

　わが国の社会教育施設は，教育基本法にも規定されるように，公民館，図書館，博物館がその代表的なものである。当然のことながら各施設には，その要である職務を担う専門職員をそこに配置しなければならない。しかし，専門職員の配置に関してその法的な位置づけは一様ではない。公民館職員は社会教育法で位置づけられているが，図書館や博物館の職員は図書館法・博物館法で位置づけられている。

　また公民館の業務を司る職員については，単に「主事」とされており，図書館における司書や博物館における学芸員のように，専門職として特別な呼称は与えられていない(「主事」は地方自治体における一般事務職の職名の一つである)。

　公民館，図書館，博物館は，地方自治法にいう「公の施設」(第244条) であ

るが，社会教育分野には法的根拠なしに，単に自治体の条例のみで設置されている施設も数多く存在する。たとえば，少年自然の家，青年の家等の青少年教育施設や体育館，屋外運動場のような社会体育施設などである。これらの法的整備も待たれる。

　ここでは各社会教育関係施設の役割とその職員の職務について，施設ごとに述べることにする。

　公民館は社会教育法第20条で，その目的を「市町村その他一定区域内の住民のために，実際生活に即する教育，学術及び文化に関する各種の事業を行い，もつて住民の教養の向上，健康の増進，情操の純化を図り，生活文化の振興，社会福祉の増進に寄与すること」としており，この目的達成のための事業として同法第22条で次の6つが掲げられている。

　① 定期講座を開設すること
　② 討論会，講習会，講演会，実習会，展示会等を開催すること
　③ 図書，記録，模型，資料等を備え，その利用を図ること
　④ 体育，レクリエーション等に関する集会を開催すること
　⑤ 各種の団体，機関等の連絡を図ること
　⑥ その施設を住民の集会その他の公共的利用に供すること

　また，同法第32条の2で「当該公民館の事業に関する地域住民その他の関係者の理解を深めるとともに，これらの者との連携及び協力の推進に資するため，当該公民館の運営の状況に関する情報を積極的に提供するよう努めなければならない」としている。

　この公民館事業を遂行するためには同法第27条に「公民館に館長を置き，主事その他必要な職員を置くことができる」と規定するように，施設の要となる職員の存在は欠かせない。

　公民館職員には，上掲の事業を実施するにあたり，次のようなことがその基本的な資質として求められている。

　① 定期講座を企画し運営する能力

②　討論会，講習会，講演会，実習会，展示会を企画して実施する能力
③　図書，記録，模型，資料等の資料的価値を見出してその利用促進を図る能力
④　体育，レクリエーション等の集会の開催を企画実施する能力
⑤　各種の団体，機関と連携できるコミュニケーション能力

　これらに加えて社会教育法第20条に規定する公民館の目的を達成するために，公民館の職員には，①住民の学習活動の支援，②住民のさまざまな学びの機会の橋渡し，③住民の学習活動の組織化，④住民の生涯にわたる自己教育活動の支援，などの役割が期待されている。

　以上のように公民館職員には住民の学習要求を的確に把握したうえで学習を組織することのできるきわめて専門的な力量が求められている。

　1959（昭和34）年制定の公民館設置基準が2003（平成15）年に全部改正されて，新たに「公民館の設置及び運営に関する基準」が平成15年文部科学省告示第112号として告示されたが，多様な学習機会の提供，高度情報通信ネットワークの活用等の方法により学習情報の提供，地域の家庭教育支援拠点としての機能の発揮，奉仕活動・体験学習の推進，学校，家庭及び地域社会との連携などがその運営上の基準として示された。こうした運営にかかわる職務遂行能力も求められている。

　公民館職員にはこのような高い能力が求められているのであるが，現実的には，専門的な職員というほどに，公民館主事の身分の位置づけが十分になされているわけではない。

3　図書館と司書

　図書館は，図書館法第2条に「図書，記録その他必要な資料を収集し，整理し，保有して，一般公衆の利用に供し，その教養，調査研究，レクリエーション等に資すること」とその目的を明示し，その目的達成のために第3条で，「土地の事情及び一般公衆の希望に沿い，更に学校教育を援助し，及び家庭教育の

向上に資することとなるように留意し，おおむね次に掲げる事項の実施に努めなければならない」と事業の趣旨が述べられ，さらに具体的な事業内容として，次の9つにわたって示されている。
　① 郷土資料，地方行政資料，美術品，レコード及びフィルムの収集にも十分留意して，図書，記録，視聴覚教育の資料その他必要な資料（電磁的記録（電子的方式，磁気的方式その他人の知覚によつては認識することができない方式で作られた記録をいう。）を含む。以下「図書館資料」という。）を収集し，一般公衆の利用に供すること
　② 図書館資料の分類排列を適切にし，及びその目録を整備すること
　③ 図書館の職員が図書館資料について十分な知識を持ち，その利用のための相談に応ずるようにすること
　④ 他の図書館，国立国会図書館，地方公共団体の議会に附置する図書室及び学校に附属する図書館又は図書室と緊密に連絡し，協力し，図書館資料の相互貸借を行うこと
　⑤ 分館，閲覧所，配本所等を設置し，及び自動車文庫，貸出文庫の巡回を行うこと
　⑥ 読書会，研究会，鑑賞会，映写会，資料展示会等を主催し，及びこれらの開催を奨励すること
　⑦ 時事に関する情報及び参考資料を紹介し，及び提供すること
　⑧ 社会教育における学習の機会を利用して行つた学習の成果を活用して行う教育活動その他の活動の機会を提供し，及びその提供を奨励すること
　⑨ 学校，博物館，公民館，研究所等と緊密に連絡し，協力すること
　以上の業務を遂行するために同法第4条において，「図書館に置かれる専門的職員を司書及び司書補と称する」と，専門職としての司書が位置づけられている。
　司書は，上述9項目の事業を遂行するために，次のような資質が求められる。
　　① 様々な2次資料を取り扱う知識を有すること

② 資料の目録を作成する能力を有すること
③ 書誌情報に関する知識を有すること
④ 外部団体との渉外能力を有すること
⑤ 読書会,研究会,鑑賞会,映写会,資料展示会を企画し実施する能力を有すること

これらに加えて,図書館法第1条の図書館の目的を達成するためには,次のような能力が求められる。
① 図書館の所在する地域（校区・自治体）に精通し,当該地域の資料を収集する能力
② 地域住民の資料の要望を的確に把握する能力
③ 資料を住民の調査研究活動やレクリエーション活動へと橋渡しする能力

なお,国庫補助を受ける公立図書館長には,ほかの社会教育施設と異なり,司書資格が必要とされていたが,規制緩和の動向のもとに削除されていた。これが,2001年制定の図書館基準（公立図書館の設置及び運営上の望ましい基準）によって復活したことは好ましいといえよう。

4　博物館と学芸員

博物館法第2条において「博物館とは,歴史,芸術,民俗,産業,自然科学等に関する資料を収集し,保管（育成を含む。以下同じ。）し,展示して教育的配慮の下に一般公衆の利用に供し,その教養,調査研究,レクリエーション等に資するために必要な事業を行い,あわせてこれらの資料に関する調査研究をすることを目的とする機関」と定義づけられている。

また同法第3条ではその「目的を達成するため,おおむね次に掲げる事業を行う」として,11項目にわたってその事業が掲げられている。
① 実物,標本,模写,模型,文献,図表,写真,フィルム,レコード等の博物館資料を豊富に収集し,保管し,及び展示すること
② 分館を設置し,又は博物館資料を当該博物館外で展示すること

③ 一般公衆に対して，博物館資料の利用に関し必要な説明，助言，指導等を行い，又は研究室，実験室，工作室，図書室等を設置してこれを利用させること
④ 博物館資料に関する専門的，技術的な調査研究を行うこと
⑤ 博物館資料の保管及び展示等に関する技術的研究を行うこと
⑥ 博物館資料に関する案内書，解説書，目録，図録，年報，調査研究の報告書等を作成し，及び頒布すること
⑦ 博物館資料に関する講演会，講習会，映写会，研究会等を主催し，及びその開催を援助すること
⑧ 当該博物館の所在地又はその周辺にある文化財保護法の適用を受ける文化財について，解説書又は目録を作成する等一般公衆の当該文化財の利用の便を図ること
⑨ 社会教育における学習の機会を利用して行つた学習の成果を活用して行う教育活動その他の活動の機会を提供し，及びその提供を奨励すること
⑩ 他の博物館，博物館と同一の目的を有する国の施設等と緊密に連絡し，協力し，刊行物及び情報の交換，博物館資料の相互貸借等を行うこと
⑪ 学校，図書館，研究所，公民館等の教育，学術又は文化に関する諸施設と協力し，その活動を援助すること

そして同条第2項で「その事業を行うに当つては，土地の事情を考慮し，国民の実生活の向上に資し，更に学校教育を援助し得るようにも留意しなければならない」としている。こうした博物館の職務の中枢を担うのが専門職であり，博物館法第4条第3項では「博物館に，専門的職員として学芸員を置く」と明確な必置規定が設けられている。なお，旧博物館基準では都道府県（政令指定都市）博物館では17人以上，市町村では6人以上の学芸員（または学芸員補）をおくものとするとされていたが，規制緩和のもと削除されて，現在に至っている。

学芸員の職務は「博物館資料の収集，保管，展示及び調査研究その他これと

関連する事業について専門的事項をつかさどる」(同条第4項)とされている。そして，上述11項目の業務を遂行するためには，基本的な資質として，①博物館としての資料的価値を見出す，②調査研究に基づいて展覧会を企画し実施する，③図録等の編集をする，④資料に応じて適切な取り扱いをする，⑤講演会，研究会を企画し実施する，⑥コミュニケーション能力を有する，などの力量を具えている必要がある。さらに，①博物館が管轄するエリアまたは地域の事情に精通している，②時機的，地域的な課題を把握している，③調査研究活動を多面的な媒体に表現する，④博物館資料と「人」を結びつける，⑤博物館資料をレクリエーション活動へと橋渡しする，などの能力も欠くことはできない。

5　その他の社会教育施設

　以上の公民館，図書館，博物館以外の地方自治法第244条の規定する「公の施設」(その他の社会教育施設)は，自治体の設置条例で運営されている。そうした各施設においても条例にうたわれている設置目的を達成する活動を行わなければならないが，それぞれの施設の特徴を活かすために各施設特有の専門的な職務が必要不可欠である場合が多い。たとえばスポーツ施設であれば，スポーツに関する専門性，芸術施設であれば，芸術に関する専門性を考慮に入れた人的配置が必要である。しかしながら公民館，図書館，博物館におけるような，専門的職員，職務に関する法的な裏づけが乏しいのが現状である。

　それぞれの社会教育施設の職員には，館種の相違にかかわらず，共通して望まれる資質として次のようなものがあげられる。

　①　施設を特徴づける専門的な力量を有すること
　②　催し事の企画立案能力を有すること
　③　渉外能力を有すること
　④　コミュニケーション能力を有すること

　またこれらに加えて，各施設が社会教育施設であることから，職員には，①社会教育や生涯学習の学習経験，②なんらかの教育活動経験，③人と人，活動

と活動を結ぶ視点を有することが求められる。

第2節　社会教育施設の運営方針

1　公民館の運営方針

　公民館・図書館・博物館・青少年教育施設・女性教育施設・スポーツ施設などの社会教育施設で重要なことは、①人々の自主的・共同的な学習活動を支援するための施設・設備が整っている、②人々の学習活動を触発する豊かな学習事業などが準備されている、③人々の学習活動やサークル活動などを支援し、人々の求める事業を豊かに企画し、活動の場を公平に提供することのできる職員が配置されていることである。

　いわゆる「ヒト（職員）・モノ（施設）・カネ（事業）」が、バランスよく整備されることによって、社会教育施設は人々の多様な学習活動を支援することができるのである。

　人々は、学習機会や学習仲間、学習情報を得るため、また自主的活動を進める活動拠点として社会教育施設を身近な施設として利用している。したがって、社会教育施設運営の基本は、誰もが平等に参加し利用することができることにある。

　公民館（類似施設を含む）は、「平成20年度社会教育調査（中間報告）」が示すように、全国に約1万6000館、約5万3000人（専任・併任・非常勤）の職員が配置されており、年間約47万の学級・講座（19年度間）が開設され、1308万人の人々が受講している（巻末資料参照）。また、諸集会（講演会・文化・体育事業）には、19万6000件で2230万人が参加し、延べ利用者数は2億3600万人、日本人1人当たり年2回は公民館を利用していることになる。

　公民館では、学級・講座のような定期講座の開設のほか、討論会・講習会・講演会・実習会・展示会・体育事業（レクリエーションを含む）・文化事業などの諸集会の開催のほかに、公民館図書室に図書・記録・模型・資料などを備え

てその利用をはかり、各種の相談事業（学習相談・家庭教育相談など）、サークル活動の支援、地域づくりのための地域課題の発掘など多彩な事業を開催している。

公民館の運営について、社会教育法第23条では、「公民館の運営方針」として、次のような禁止事項を定めている。

　第23条　公民館は、次の行為を行つてはならない。
　　一　もつぱら営利を目的として事業を行い、特定の営利事業に公民館の名称を利用させその他営利事業を援助すること。
　　二　特定の政党の利害に関する事業を行い、又は公私の選挙に関し、特定の候補者を支持すること。
　2　市町村の設置する公民館は、特定の宗教を支持し、又は特定の教派、宗派若しくは教団を支援してはならない。

すべての公民館（法人立・私立を含めて）では、営利事業を行うものに公民館の名称を利用させたり、またその営利事業を援助することを禁止するものであり、そして政治的中立性を確保するために、特定の政党の利益になるような事業を実施したり、公私の選挙に際し特定の候補者を支持することを禁止している。また、同様に宗教活動についても禁止されている（私立公民館を除く）（第23条2項）。

これは社会教育法の上位法である教育基本法第14条（政治教育）及び第15条（宗教教育）にも規定されていることである。なお、教育基本法には、同時に政治的教養や宗教に関する一般的な教養などを身につける学習については尊重されるようにとも規定されているのである。

社会教育法が制定された当時の文部省の解釈では、「一政党に公民館を利用させる場合でも常に他の政党と公平平等な取扱いをなす限り不当ではない」「公私の選挙に公民館として特定の候補者を推薦する意思を表明することは絶対に避けなければならない」「すべての宗派について平等な取り扱いをし、各宗派の立会討論会を催すなり、また宗教家を講師とする宗教的情操涵養のための講

話会を開くことはさしつかえないと思われる」(寺中作雄『社会教育法解説』,寺中は当時の文部省社会教育局長)としているのである。

　しかし,具体的な判断はむずかしいので,これまで公民館は,"営利事業は一切利用不可","政党の利用・宗教団体の利用も一切不可"という考え方で運営されてきた経過がある。本来このように利用にあたって疑義が生じた場合は,公民館に設置されている公民館運営審議会に諮りながら処理していくものであるが,1999(平成11)年の社会教育法改正により公民館運営審議会の設置が任意化されたため,運営審議会を廃止する地方公共団体も出現し,こうした問題を検討する機関がなくなりつつある。

　なお,第23条に違反した場合には,社会教育法第40条に規定されるように,公民館を設置した市町村の教育委員会や法人の設置する公民館においては都道府県の教育委員会が,その事業または行為の停止命令を行うことができ,さらにその命令に違反した場合,社会教育法第41条で「一年以下の懲役若しくは禁錮又は三万円以下の罰金に処する」という罰則規定も設けられている。図書館法や博物館法には,こうした罰則規定はない。

　寺中作雄は,公民館の運営について,第1に公民館は最も家庭的に運営されなければならない,第2に公民館は魅力ある施設として運営されなければならない,第3に公民館は総合的に運営されなければならない,第4に公民館は極めて民主的に運営されなければならない,第5に公民館の規模及び運営はその町村の実情に適応しなければならない,としている(前掲『社会教育法解説』)。この5つの運営方針は,現在の公民館運営でも生かされている。

　なお,公民館が誕生した当時においては,公民館は町村(農村地方)に設置され,地域の「民主主義の学校」として利用されることを想定し,都市部における公民館については言及されていない。

　1960年代から始まる高度経済成長により,日本の都市化現象が進み,地域の様相は大きく変わってきた。農村では,都市への人口移動により過疎化現象が始まり,それまでの地域共同体的組織が弱体化してきた。また都市部において

は産業・工業の発達により，多くの人口を抱え込むことにより，水道給水，下水処理，電気・ガスの供給，道路の整備，住宅建設などの都市基盤整備を求められると同時に，教育，福祉，文化関連の施設の整備などが矢継ぎ早に求められてきた。とくに義務教育学校の建設は，都市部の人口急増地域では大きな負担となってきた。そのため財政赤字を余儀なくされる地方公共団体も数多く出現した。

　こうしたなかで，都市部においても住民が寄り合い，地域を考え，文化を考え，暮らしを考え合える場所としての公民館が注目されだしてきた。いわゆる「都市型公民館」のあり方が求められたのである。

　都市型公民館は，大都市を取り巻く衛星都市を中心に建設され，文化活動を中心とした事業が展開された。こうした都市型公民館は次第に全国に広がり，都市型公民館運営のあり方が検討されだしてきた。社団法人全国公民館連合会は，「公民館のあるべき姿と今日的指標」(1968年)で，都市型公民館のあり方について提言した。

　また，東京都教育庁社会教育部は，東京都下の三多摩地域での都市型公民館実践をもとにして，「新しい公民館像をめざして」(1974年)を公表した。そのなかで公民館運営の基本として，「7つの原則」を掲げている。

① 自由と均等の原則
② 無料の原則
③ 学習文化機関としての独自性の原則
④ 職員必置の原則
⑤ 地域配置の原則
⑥ 豊かな施設整備の原則
⑦ 住民参加の原則

　この原則は，今日でも公民館が住民の生涯学習機関として最大限に活用されるための基本原則であることにまちがいない。

　さらに付け加えておかなければならないのは，公民館は，前述したように，

社会教育法第23条の規定により営利事業への利用について制限を受けているが，文部省生涯学習局長通知「社会教育法における民間営利社会教育事業者に関する解釈について」(1995年)では，社会教育法第2条に規定する「社会教育」には民間営利社会教育事業者(つまり，カルチャーセンター等を意味している)の活動も含まれることを前提としたうえで，その事業内容が「公共的利用」にあたり，かつ公民館を貸すことが「営利事業を援助すること」に該当しないなら，公民館を民間営利社会教育事業者に利用させてもよいという解釈を示したのである。民間営利事業に公民館を開放することによって，公民館の新しい方向性を見出そうとした。

2　図書館の運営方針

今日の公共図書館のあるべき姿を最初に示したものは，1963(昭和38)年に日本図書館協会が発表した「中小都市における公共図書館の運営」(中小レポート)である。このレポートは，1960年代から70年代にかけて全国の公共図書館の飛躍的発展を生み出す指針となったものである。この後，各地の図書館では「中小レポート」で提言された内容を実践することにより，住民の信頼を得て多くの成果をあげ，公共図書館建設に弾みをつけたのである。

この「中小レポート」の実践の成果をさらに発展させたかたちで，1970年に「市民の図書館」が発表されている。このなかで次のとおり公共図書館の基本的機能を宣言し，公共図書館の運営方針としているのである。

① 公共図書館の基本機能は，資料を求めるあらゆる人々に，資料を提供することである。

② 公共図書館は，住民が住民自身のために，住民が維持している機関であるから，資料を求める住民すべてのために無料でサービスし，住民によってそのサービスが評価されなければならない。

③ 公共図書館は，資料に対する要求にこたえるだけではなく，資料に対する要求を高め，ひろめるために活動する。

④　公共図書館は，あらゆる人々にサービスする。年齢，信条，職業などによってサービスに差があってはならない。
⑤　公共図書館は，全住民が，どこに住んでいようとも最も効果的な方法でサービスが受けられるようにすべきである。
⑥　公共図書館は，利用者の求める資料は原則としてどのようなものでも提供する。

文部科学省が告示した「公立図書館の設置及び運営上の望ましい基準」（2001年）では，市町村図書館の運営の基本として「住民のために資料や情報の提供等直接的な援助を行う機関として，住民の需要を把握するように努めるとともに，それに応じ地域の実情に即した運営に努めるものとする」としている。

また，その具体的なサービス面については，以下の6点を示している。

①　資料の収集，提供では，住民の要求に応えるため，図書館機能が十分に発揮できる種類及び量の資料を整備し，提供すること。
②　レファレンス・サービスの充実・高度化に努める。
③　成人，児童・青少年，高齢者，障害者など利用者に応じた図書館サービスに努める。
④　住民の自主的・自発的な学習活動を援助するために，読書会，研究会，鑑賞会，映写会，資料展示等を主催し，又他の社会教育施設，学校，民間の関係団体等との共催による多様な学習機会の提供に努めるとともに，学習活動の場の提供，設備や資料の提供などによりその奨励に努めるものとする。
⑤　児童・青少年，高齢者，障害者等多様な利用者に対する新たな図書館サービスを展開していくため，必要な知識・技能等を有する者のボランティアとしての参加を一層促進するように努めるものとする。
⑥　住民の図書館に対する理解と関心を高め新たな利用者の拡大を図るため広報紙等の定期的な刊行やインターネット等を活用した情報発信など，積極的かつ計画的な広報活動及び情報公開に努めるものとする。

文部科学省生涯学習政策局は，上記基準を受けて図書館の整備，サービスの充実を図るために2005（平成17）年に「これからの図書館の在り方検討協力者会議」を設置した。翌年に報告された「これからの図書館像―地域を支える情報拠点をめざして―」では，これまで公共図書館が進めてきた機能のほかに，地域の課題解決に向けた取り組みに必要な資料や情報を提供し，住民が日常生活を送るうえでの問題解決に必要な資料や情報を提供するなど，地域や住民の課題解決を支援する機能の充実を求めている。

　今日，人々は，図書館は無料であるということになんの疑問ももたずに利用している。しかし，図書館無料が自明の理として最初から存在していたわけではない。戦前の図書館では，入館料を取り，図書の貸し出しにも保証金なりの料金を取る図書館もあった。このような戦前の実情に対して，戦後，アメリカ教育使節団報告書は，「図書館の利用に料金を課してはならない。経費は政府が負担すべきである」と提言した。これにより1951（昭和26）年図書館法が制定される際に，図書館法に「入館料等の無料」が盛り込まれたのである。つまり，第17条（入館料等）「公立図書館は，入館料その他図書館資料の利用に対するいかなる対価をも徴収してはならない」となっている。しかし，地方公共団体は，今日の地方財政危機に際し，図書館サービスについて料金の徴収を検討している。

3　博物館の運営方針

　博物館の運営については，1951（昭和26）年に制定された博物館法第2条で博物館の任務として，①資料の収集，②資料の保存（育成・飼育・栽培），③資料の展示（教育普及），④資料の調査研究のいわゆる博物館の4原則について規定している。

　1973（昭和48）年に，「設置及び運営上望まし基準」（第8条）に基づき「公立博物館の設置及び運営に関する基準」を告示をしている。

　この告示は，その後2003（平成15）年に全部改正されて「公立博物館の設置

及び運営上の望ましい基準」となったが，そのなかには，学習活動，情報提供，各教育機能との連携など博物館の運営に関して，次のような重要な規定がある。

第5条（学習活動等）博物館は，利用者の学習活動に資するため，次に掲げる事項を実施するものとする。

　一　資料に関する各種の説明会，講演会（児童又は生徒を対象とした体験活動その他の学習活動を含む。）の開催，館外巡回展示の実施等の方法により学習機会を提供すること。

　二　資料の利用その他博物館の利用に関し，学校の教職員及び社会教育指導者に対して助言と援助を与えること。

第6条（情報の提供等）博物館は，利用者の利用の便宜のために，次に掲げる事項を実施するものとする。

　一　資料に関する目録，展示資料に関する解説書又は案内書等を作成するとともに，資料に関する調査研究の成果の公表その他の広報活動を行うこと。

　二　事業の内容，資料等についてインターネットその他の高度情報通信ネットワークの活用等の方法により，情報の提供を行うこと。

第7条（学校，家庭及び地域社会の連携等）博物館は，事業を実施するに当たっては，学校，社会教育施設，社会教育関係団体，関係行政機関等との緊密な連絡，協力等の方法により，学校，家庭及び地域社会との連携の推進に努めるものとする。

　2　博物館は，その実施する事業への青少年，高齢者，障害者，乳幼児の保護者，外国人等の参加を促進するように努めるものとする。

　3　博物館は，その実施する事業において，利用者等の学習の成果並びに知識及び技能を生かすことができるよう努めるものとする。

博物館の入館料については，博物館法第23条（入館料等）に「公立博物館は，入館料その他博物館資料の利用に対する対価を徴収してはならない。但し，博物館の維持運営のためにやむを得ない事情がある場合は，必要な対価を徴収す

ることができる」と規定している。図書館法と同様に無料を原則としつつ，但し書きで「やむを得ない場合は徴収することができる」としている。現在多くの公立博物館は，この但し書き部分を根拠に入館料をとっているのである。

　これからの博物館の在り方に関する検討協力者会議がまとめた「新しい時代の博物館制度の在り方について」（平成19年6月）では，「登録博物館においては，入館料については無料ないしできるだけ低廉な額に設定するべき」であると提言している。

　その添付資料では，公立博物館のうち入館料を徴収しているのは，登録博物館・相当施設では663館中543館（82％），類似施設では3296館中1811館（55％）であり，1999（平成11）年度の登録・相当施設79％，類似施設では58％に比べると，割合は上昇する傾向にあるとしている。

　現在，博物館の入館料は常設展示については低廉な入館料に設定されているが，新聞・放送関係機関等との共催による企画展では，高額の入館料が設定されている。

　国際連合教育科学文化機関（ユネスコ）の総会で採択された「博物館をあらゆる人に開放する最も有効な方法に関する勧告」（1960年）でも，博物館の観覧料はできる限り無料とすべきであること，徴収する場合においても少額であることなどが定められている。また，「博物館の整備・運営の在り方について」（社会教育審議会社会教育施設分科会報告，1990年）でも，学校の教育活動の一環として博物館を利用する場合は，入館料無料を検討するよう求めている。

　さらに，このような施策は公立博物館だけでなく，私立博物館に対しても，週1回以上児童・生徒の入場を無料にするなどして，青少年・親子等への優遇措置を求めている（「私立博物館における青少年に対する学習機会の充実に関する基準」平成9年文部省告示）。

4　費用負担の問題

　図書館・博物館は，それぞれの施設の利用に当たって，先に述べたように無

料の原則が規定されている。しかし，公民館については入館料等の規定はない。

公民館が誕生した当時にあっては，それまでの公会堂や集会所を公民館の看板に付け替えるという施設の転用や，あるいは施設をもたない「青空公民館」が中心であったり，また，公民館の運営も地域住民の手で行われることが基本とされてきため，料金徴収など考えられないことであり，そのためにわざわざ「無料の原則」を規定するなど，思いもつかないことだったのである。

しかし，日本経済が復興する時期になると，住民から文化施設建設の要求が高まり，市民会館（文化会館）や公民館などの建設が順次進められた。地方自治体はこうした施設運営について，「公共施設を利用する住民は利益を受けるのだから相応の負担を負うべきだ」という受益者負担の考え方を出し，施設の有料化を方針としたのである。公民館でも，こうした考え方が導入され有料規定（使用料の減免制度を設けるところもある）を設けるところが増えてきた。

それでも，公民館は住民のための社会教育施設であり，受益ではなく学習をするための必要施設であるとの考え方から，公民館設置条例に「無料の原則」を規定し運営している公民館も少なくない。

今日，地方自治体の財政改革などにより，住民から税金徴収のほかに行政からなんらかのサービスを受けた場合（受益）は，相応の負担を求める方針が出されている。こうした受益者負担は，税の二重払いではないかという議論も出されている。また，社会教育施設への指定管理者制度の導入は，入館料・使用料のアップにつながるのではないかと懸念されている。

5　規制緩和と社会教育施設

国は，地方分権推進法（1995年）の施行後，行政改革基本法（1998年），地方分権一括法（1999年），地方自治法改正・地方独立行政法人法（2003年），行政改革推進法（2006年）などを矢継ぎ早に制定・改正し，行政機能の全面的な見直し，徹底的な規制の撤廃と緩和を断行，民間に委ねるべきものは委ね，「官から民へ」（民間の活力の活用），「国から地方へ」（権限の地方への移譲）という

方針で,小さな政府をめざし大きく動き出した。

こうした政府の動きは,政府内に設置された行政改革委員会,総合規制改革会議,規制改革委員会,地方分権改革推進会議などでの各種答申や財界などからの提言をもとにして進められてきた。

社会教育分野の規制緩和は,1997(平成9)年の地方分権推進委員会第2次勧告での「必置規制の見直し」による社会教育法・図書館法・博物館法の改正(1999年)に見ることができる。

この第2次勧告では,「地方公共団体が各行政分野に職員配置することは地方公共団体の自主的組織・運営を図る自主組織権にあたる。したがって,職員の必置規制は必要最小限として,現行の必置規制の廃止・緩和を積極的に進めることが不可欠である」としたのである。

各社会教育施設での規制緩和の内容は以下のとおりである。

(1) 公民館(社会教育法)
  ① 公民館運営審議会の必置制を任意設置制に
  ② 公民館運営審議会委員の選出母体推薦枠の撤廃
  ③ 公民館長任命について,あらかじめ意見を述べる権限の削除
  ④ 公民館運営審議会委員の社会教育委員兼任事項の削除
  ⑤ 公民館長・公民館の主事の専任規定の廃止
(2) 図書館(図書館法)
  ① 国庫補助を受ける場合の館長の司書資格規制の廃止
  ② 国庫補助を受ける場合の館長の専任規制の廃止
  ③ 国庫補助を受ける場合,人口等に応じた司書及び司書補の配置人数基準を廃止し,実情に応じて配置人数を決定することができる。
(3) 博物館(博物館法)
  ① 公立博物館の学芸員,学芸員補の定数規定は廃止し,実情に応じて配置人数を決定することができる。

社会教育施設は,戦後,社会教育法・図書館法・博物館法で,憲法・教育基

本法に示された教育使命(ミッション)を発揮するために、地方の困窮した財政状況を勘案し、「予算の範囲内において」できるだけ整備をしていくというなかで建設が進められてきた。その際、法律や設置基準で、各施設の少なくともこれだけはという最低基準が定められたのである。したがって、日本が高度経済成長期に入りこれらの施設が建設・整備されていく段階では、国庫補助を受けるに当たっての最低クリアしなければならない基準であるはずが、その基準さえ満たせばよいという考え方で建設がされていった施設も多くある。

そのため、不十分な施設内容・職員配置・財政措置のなかで社会教育活動を進めざるを得ない状況があった。しかし、職員の熱意と住民の社会教育への要求に基づき、各地ですばらしい社会教育活動が展開されてきたのである。

2003(平成15)年の地方自治法の改正で、「公の施設」の管理運営は、地方公共団体の直営か、あるいは民間事業者をも含めた指定管理者制度による運営とされ、2006(平成18)年4月から、この指定管理者制度が導入されている。

社会教育施設においても指定管理者制度を導入した事例が見られるが、こうした社会教育施設での運営はどのようにあるべきかがあまり議論されることなく、財政的効率性のみが追求されて制度が適用されつつある(指定管理者制度については次節参照)。

第3節　指定管理者制度の導入

1　「公の施設」の管理運営

地方公共団体は、住民の福祉向上に欠かせない公共サービスの一つとして、多数の住民が利用する施設を建設してきた。地方自治法第244条には、住民の福祉を増進する目的をもってその利用に供するための施設を「公の施設」とし、その設置・運営に必要な事項を定めている。地方公共団体が設置している公の施設数は、約40万施設ある(三菱総合研究所「平成15年度版　公共施設状況調査」)。

具体的には、都道府県や市町村が住民のために設置している公園、運動場、

道路，河川，学校，図書館，公民館，文化会館，美術館，公営住宅，保育所，病院などの施設が該当する。しかし，試験研究所，留置場，競輪場，競馬場等は，公の目的のために設置された施設であるが，住民の利用に供することを目的とするものではなかったり，あるいは，利用に供する目的が直接福祉を増進するものでないとして，公の施設に該当しないとされている。

そして，それらの公共施設の管理については，従来，地方公共団体が直接管理するか，あるいは地方自治法第244条の2第3項の規定に基づき地方公共団体が出資する法人（50％以上の出資），公共団体（市町村，土地改良区等），公共的団体（農協，生協，自治会等）に管理委託を行ってきた。

2003（平成15）年6月この規定が改正されて，地方公共団体が「直接管理」を行うか，「指定管理者制度」による管理運営のいずれかの方法によることとなった。この指定管理者制度は，同年7月の総務省自治行政局長通知では「多様化する住民のニーズにより効果的，効率的に対応するため，公の施設の管理に民間の能力を活用しつつ，住民サービスの向上を図るとともに，経費の節減等を図ることを目的とする」と説明されており，政府が進める構造改革の一環としての規制緩和政策や自治体業務の民間委託，公共事業への市場原理の導入を図ることを目的として創設されたものである。

この目的は，公共施設の管理運営業務をこれまでの法人や公共的団体等のほかに，民間事業者を含めたなかで管理運営経費のコスト競争をさせ，経済性・効率性を重視した管理運営により，経費削減や職員削減などを図ることである。これまでの公共施設の管理運営は，直営か，先に述べた自治体の出資法人，公共団体，公共的団体に委託料を払い管理運営を委託する「管理委託制度」の方法をとってきた。この制度では，地方公共団体の管理権限のもとで，委託された団体はその範囲内で施設の管理運営を行ってきた。しかし，今回の指定管理者制度では，個人を除く民間事業者やNPO法人なども施設運営に参入することができ，施設の管理運営のすべてが任されることになる。

この指定管理者制度の対象となる公共施設に，公民館，博物館，図書館など

の社会教育施設も含まれている。地域の文化を育み住民の自主的な継続的な学習活動を支えるべき使命をもった社会教育施設の管理運営に、経済性・効率性を優先する指定管理者制度を導入することには多くの問題がある。

先の総務省自治行政局長通知の「条例で規定すべき事項」中に、指定管理者の選定基準として「住民の平等利用の確保」（公平性）、「施設の効用を最大限に発揮する」（効果性）、「管理経費の縮減」（経済性）、「管理を安定して行う物的能力、人的能力を有していること」（安定性）を列挙し、最も適切な管理を行うことができる者を選定することが望ましいとしている。

この選定基準を社会教育の視点から見ると、次の(1)〜(4)の点が考慮されなければならない。

(1) 住民の平等利用の確保

指定管理者も地方自治法の「正当な理由がない限り、住民が公の施設を利用することを拒んではならない（第244条2項）。「不当な差別的取り扱いをしてはならない」（同3項）という規定が適用される。しかし、利益追求を基本姿勢とする民間事業者の指定管理者は、住民に公平な施設提供を行うかどうかの疑問が残る。また今日まで社会教育施設では、住民の施設利用の公平性の確保や施設活動の充実のために、施設独自の運営協議会などが設置され、そこには住民の代表者も参画するなかで施設運営について議論がされてきた経過がある。しかし、指定管理者制度のもとでは、こうした住民の声を反映させる協議会などの設置についてはふれられていない。

(2) 施設の効用を最大限に発揮する

公共施設が住民に利用され、その施設の稼働率を高めることは非常に大切なことである。住民は、公共施設を地域文化創造活動の拠点とし、また暮らしの周辺の問題などを互いに考えあう住民活動の拠点として利用してきた。とくに社会教育施設は、こうした住民の要求に応えるための各種社会教育事業の実施

や施設の提供などを行い，施設の効用が教育的な面で最大限に発揮できるように取り組んできた経過がある。しかし，指定管理者としては，利益追及のためには施設の稼働率を最優先した施設運営をめざそうとすれば，住民の日常的な小さな活動に施設を貸すよりは民間営利団体などに施設を貸すほうが収益性は高くなる。したがって先の公平性とも関連するが，少しでも利益率の高いほうに施設の貸し出しが行われるのではという疑問が残る。

(3) 管理経費の節減

指定管理者は，地方公共団体との間で施設管理に関する契約を結ぶが，そのなかには施設の管理運営にかかわる経費（指定管理料）が定められている。そうしたなかで利益をあげるためには，経費節減策として雇用する人件費を削減するという方法をとる。したがって指定管理者は，指定を受けた施設に自社の社員はできるだけ少なく，あとは雇用調整のできる派遣社員や嘱託やアルバイトなどを配置することになる。施設の維持管理や機器の保守点検，施設の警備・清掃などについても，第三者に再委託しコスト削減を図ることになる。こうした管理経費の削減は，その公共施設の管理面や住民へのサービス低下を招くおそれも十分にあり，安定的な維持管理という点からも問題がある。

指定管理者は，公の施設の管理者として指定されることにより，施設建設への資本投資を行うことなく営利追及のチャンスや，公の施設の管理を任されているという社会的信用を得ることになる。したがって指定を受けるためには，安い経費でその施設の管理運営ができることをアピールする必要があり，また指定期間が終了し再指定を受けようとするならば，当然のごとく管理経費面でさらなるコストダウンを行う努力が求められるのである。こうしたことにより，指定を受けたい民間業者間において過当な競争が展開され，それによって生じる結果は施設を利用する住民に押しつけられることになる。

(4) 管理を安定して行う物的,人的能力を有している

　指定管理者は1年から5年という指定期間のなかで業務を行うことになるが,その指定期間が終了すると継続して指定される保証はなく再度応募することになる。したがって,この指定期間が短いほど,安定的な施設の管理運営を行うことは困難である。

　また社会教育施設の場合は,住民の継続的な活動への支援事業や社会教育事業の取り組みを行われなければならない。そのため,教育事業活動を担当する専門的職員,公民館には公民館主事,博物館には学芸員が,図書館には司書が配置されている。営利を追及する指定管理者は,こうした専門職の配置,また指定期間が終了したあと,これらの人たちの雇用はどうなるのかという問題もある。

2　指定管理者制度の仕組み

(1) 公共事業への市場原理の導入

　この公共施設の管理運営手法に指定管理者制度が導入された背景には,政府が押し進める「構造改革」路線の流れがあり,また民間企業側も地方公共団体が独占してきた公共サービス事業への市場の拡大を求めてきた経過がある。国及び地方公共団体では,今日の未曾有の財政危機のなか,行政のスリム化が大きな課題となっている。

　そのために,「真に行政が責任をもって実施をしなければならない業務は何か,また現在,行政が実施している業務のなかで民間に任せられるものは何か」という事務事業の仕分け作業が進められてきた。そこには「官から民へ」「民間に任せられるものは民間へ」という官民役割の見直しと,公共部門への民間経営手法の導入を図って,行政の効率化を図ろうとするNPM（ニュー・パブリック・マネージメント）の考え方がある。

　1980年代以降,地方公共団体は「都市経営論」をもとに,財政削減や行政の合理化を進めるために事務事業の委託や公共施設の管理運営業務の財団（市の

出資法人）や第三セクター（地方公共団体と民間が出資した団体）などへの委託を進めてきた。

　公共施設の管理運営形態を歴史的に見るならば，戦後は国や地方公共団体が施設を設置し運営していく「公設公営」の考え方が基本であった。その後，施設の設置は地方公共団体が行うが，柔軟な発想をもった施設運営や施設の管理運営費の削減をめざすことなどから，地方公共団体から少し距離をおいた財団や第3セクター，公共的団体に運営を委託する「公設民営」の考え方が導入された。そして現在は，施設の設置もまたその運営も民間のノウハウを生かすものとして「民設民営」の考え方が導入されてきている。

　こうした考え方は，政府の諮問機関である経済財政諮問会議の骨太の方針（経済財政運営と構造改革に関する基本方針，2001年第1次〜2005年第6次）によるものである。とくに2003（平成15）年6月の第3次方針のなかでは，経済活性化の手法として「民間の活力を阻む規制・制度や政府の関与を取り除き，民間需要を創造する」ことを宣言し，法律によって官の仕事とされていたものを，その法律の改正により規制緩和を行い，「官から民へ」の路線を確かなものとしたのである。この規制緩和策のなかには，地方公共団体の設置する「公の施設」の管理運営に，民間の活力を導入するという方針も組み込まれていた。

　2001（平成13）年に内閣府に設置された総合規制会議は，2003（平成15）年12月「規制改革の推進に関する第3次答申」を発表し，公共施設・サービスの民間開放の促進として「官業の民営化」の施策を焦点として，公共施設等の民間による管理・運営の推進等を打ち出したのである。

　2002（平成14）年10月，首相の諮問機関である地方分権改革推進会議も，「地方制度の重要事項」について答申を出し，「保育所の公設民営化の促進」「幼稚園・保育所の一元化」などの規制緩和による市場化促進を提言している。

　こうした一連の動きのなかで，公共施設の管理運営に民間事業者も参入できる制度創設のために，2003（平成15）年6月に地方自治法改正が行われたのである。

(2) **指定管理者制度の内容**

　指定管理者に公共施設の管理を行わせる場合には，それぞれの公共施設ごとに「指定管理者の指定の手続き，指定管理者が行う管理の基準及び業務の範囲その他必要な事項」を条例で定めると地方自治法に明記されている（第244条の2，4項）。したがって，地方公共団体は，制度導入にあたっては，施設ごとに条例で，申請，選定，事業計画の提出など指定管理者を選定する際の手続きや，施設の休館日，開館時間，使用制限などの管理の範囲，施設・設備の維持管理，個別の使用許可などの業務の範囲や指定期間を定めておくことが必要とされている。指定管理者の指定には，議会の議決が求められている。

　また，地方公共団体の長や委員会は，指定管理者が管理する公共施設の管理の適正化を図るために，指定管理者に対し経理の状況や事業報告の提出を求めることができ，また公共施設への実地調査やモニタリングなども行い，施設が適正に運営されるよう指示することができるものとされている。

　しかし，ここには指定管理者自体の財務報告については明記していない。つまり，指定を受けた民間事業者の経営状態というのは不明なまま，公共施設の管理運営を任すということは，万が一指定管理者が指定期間内において，倒産などで公共施設の管理運営を持続できなくなった場合，住民への施設提供ができなくなる。こうしたリスクに対する対応については，検討されていない。

　この指定管理者制度がスタートして以来，すでに指定管理者となった民間事業者の本体事業での経営の行き詰まりや破産などにより，指定管理者を返上した事例や指定が取り消された事例が出てきている。このような場合，次の指定管理者が選定されるまで，施設は利用できないという事態も出てきている。

3　指定管理者制度の導入

(1) **公共施設の管理委託の経過**

　公共施設の第三者への管理運営の委託は，ふさわしくないとされていたが，1963（昭和38）年の地方自治法改正により，公共施設の設置目的をより効果的

に達成できると判断され,条例にその定めがある場合には「公共団体又は公共的団体」に限定して委託することができるという管理委託制度が導入された。1960年代高度経済成長期を迎え,地方公共団体では住民の福祉の増進のために,教育施設,文化施設,福祉施設,産業振興施設などの公共施設建設を進めた。同時に,施設職員の配置による職員の増加や施設運営費の増加という新たな課題もでてきたためである。

1970年代に入ると,高度経済成長政策の破綻により,その影響は地方財政にも及び,各地方公共団体では財政危機を切り抜けるための「合理化」策を進めてきた。このことにより,自治体職員数の削減と退職者の再雇用先確保を同時に実現する施策として,地方公共団体の出資による財団法人の設立が相次ぎ,公共施設の管理運営がこれらの財団に管理委託されるようになったのである。

1991(平成3)年の地方自治法の改正により,委託先をこれまでの公共(的)団体のほかに,「地方公共団体が2分の1以上出資している法人」が加えられた。また,管理受託者の自主的な経営努力を発揮しやすくするとともに,地方公共団体の事務効率化をめざして,公の施設の使用料に代わる利用料金制度が導入された。これ以降,大型の文化施設や福祉施設などを建設するにあたっては,同時にその施設の管理運営を委託する法人を設立してきた。

そして,2003(平成15)年の地方自治法改正により,公共施設の管理運営に指定管理者制度が導入され,これまでの委託先に加えて民間事業者やNPO法人にも参入の機会を広げたのである。

(2) 指定管理者制度の導入状況

総務省が2007(平成19)年1月に公表した「公の施設の指定管理者制度の導入状況に関する調査結果」によると,指定管理者制度により管理が行われている施設数は,表2−2に示すように,都道府県で7083施設,指定都市では5540施設,市区町村では4万8942施設の計6万1565施設となっている。

施設の内容別状況(以下,都道府県,指定都市,市区町村の合計数)では,レ

表2-1 指定管理者数（管理者の性質別）

（　）は％

	株式会社・有限会社	財団・社団法人	公共団体	公共的団体	NPO法人	その他	計
レクリエーション・スポーツ施設	2,871	5,113	122	2,115	360	749	11,330 (100.0)
産業振興施設	1,307	1,002	27	3,113	107	540	6,096 (100.0)
基盤施設	1,762	12,460	92	2,915	113	1,456	18,798 (100.0)
文化施設	570	2,385	49	9,626	250	380	13,260 (100.0)
社会福祉施設	252	1,304	41	9,949	213	322	12,081 (100.0)
計	6,762 (11.0)	22,264 (36.2)	331 (0.5)	27,718 (45.0)	1,043 (1.9)	3,447 (5.6)	61,565 (100.0)

出所：総務省「公の施設の指定管理者制度の導入状況に関する調査」2007年

表2-2 指定期間別指定管理者数

（　）は％

区分	都道府県	指定都市	市区町村	計
1年	176（ 2.5）	118（ 2.1）	1,923（ 3.9）	2,217（ 3.6）
2年	72（ 1.0）	247（ 4.5）	2,379（ 4.9）	2,698（ 4.4）
3年	5,265（ 74.3）	1,683（ 30.3）	22,191（ 45.3）	29,139（ 47.3）
4年	358（ 5.1）	2,286（ 41.3）	3,037（ 6.2）	5,681（ 9.2）
5年	1,154（ 16.3）	1,190（ 21.5）	15,469（ 31.6）	17,813（ 28.9）
6年	1（ 0.0）	9（ 0.2）	268（ 0.5）	278（ 0.5）
7年	10（ 0.1）	0（ 0.0）	88（ 0.2）	98（ 0.2）
8年	2（ 0.0）	1（ 0.0）	52（ 0.1）	55（ 0.1）
9年	2（ 0.0）	1（ 0.0）	96（ 0.2）	99（ 0.2）
10年以上	43（ 0.6）	5（ 0.1）	3,439（ 7.0）	3,487（ 5.7）
計	7,083（100.0）	5,540（100.0）	48,942（100.0）	61,565（100.0）

出所：表2-1と同じ

クリエーション・スポーツ施設1万1330,産業振興施設6096,基盤施設1万8798,文化施設1万3260,社会福祉施設1万2081という施設数があがっている（表2－1）。指定期間では,3年が2万9139（47.3％）,5年が1万7813（28.9％）,4年が5681（9.2％）,2年が2698（4.4％）,1年が2217（3.6％）であり,10年以上というのも3487（5.7％）施設がある。大半は5年以内というものである（表2－2）。

　これは,この指定管理者制度の先の予測がつかないために,一挙に長い期間指定をすることに対する不安もあり,同時に競争による指定管理料の引き下げをねらったものである。性質別の指定管理者数では,公共的団体2万7718（45.0％）,財団法人・社団法人2万2264（36.2％）,株式会社・有限会社6762（11.0％）,NPO法人1043（1.7％）,その他3447（5.6％）という団体数があがっており,従前の施設管理受託者が引き続き指定管理者となった状況がある。なお,株式会社・有限会社,NPO法人,その他の施設を「民間事業者等」とすると,1万1252施設（18.3％）となり,約2割の施設において民間事業者が指定管理者として参入しているのである。

　2004（平成16）年の同調査では,総務省は「指定管理者制度は,民間法人等を含め,公の施設の目的を最も効果的に達成することのできる者の能力を活用しつつ,行政に対し多様化する住民からの要請に効果的かつ効率的に対応する一つの手段として導入されたものである。（中略）今後とも各地方公共団体において適切な指定管理者制度の活用が図られていくことを切に望むところである」との見解を示している。

　この見解にも見られるように,この制度は,住民からの要請に効果的かつ効率的に対応する一つの手段としており,すべての公共施設の管理運営に制度を積極的に導入すべきという考え方は示されていない。つまり,施設の設置目的を十分に検討し,設置目的をより効果的に発揮するための一つの手段に過ぎないとしているのである。しかし今回の調査では,総務省の担当者は「公の施設の管理運営のあり方の見直しに留まらず,地方公共団体における行財政改革を

進めていく上でのきっかけになることが期待される」として，財政効果を強調しているのである。

(3) 社会教育施設の指定管理者制度

指定管理者制度についての国会審議（2003年5月）では，「一般法と個別法との関係については個別法が優先される」という当時の総務大臣の答弁があり，公民館・図書館・博物館などの社会教育機関は，社会教育法・図書館法・博物館法などの個別法の規定をもっていることによりその法が優先されなければならないとされた。

また，2003（平成15）年7月17日付の総務省通知でも「道路法，河川法，学校教育法等個別の法律において公の施設の管理主体が限定されている場合には，指定管理者制度を採ることができない」とした。文部科学省もその考え方を受けて，「公民館，図書館，博物館は，指定管理者制度の対象となるが，法律上必置が求められている職員については，社会教育法等の規定を踏まえ，教育委員会の任命が必要である」とし，社会教育施設に対する指定管理者制度の導入には一線を引いてきた経緯がある。

しかし，2003（平成15）年12月開催の中央教育審議会生涯学習分科会で配布された会議資料（公民館，図書館，博物館の民間への管理委託について）では，「公民館，図書館，博物館も指定管理者制度の対象となり，今後は館長業務を含めて全面的な民間委託が可能である」とし，また「今後は，教育委員会の任命を行わずとも民間への全面的な管理委託が行えるよう，必要な検討・手続き等を経たうえで明確に周知していくこととしたところである」と方針が大きく変更された。これは，内閣総理大臣を本部長とする地域再生推進本部が，地方自治体を対象に行った民間委託の阻害要因についての調査から，「公民館，図書館，博物館に関する阻害要因は，必置職員に対する教育委員会の任命である」との指摘を受けたことによるものである。

その後，2005（平成17）年1月25日の文部科学省生涯学習・社会教育主管部

課長会議では,「公民館,図書館及び博物館の社会教育施設については,指定管理者制度を適用し,株式会社など民間事業者にも館長業務を含め全面的に管理を行わせることができる」との文書を配布している。これは,「館長業務も含め指定管理者に管理を行わせるとした場合,指定管理者は館長を置かなければならないが,その館長は公務員でないため,教育委員会の任命手続きは必要がない」という見解を示したのである。このことを学校教育に置き換えてみるなら,公立の小学校・中学校・高校にも指定管理者制度を導入することができるといっているようなものである。

社会教育施設への指定管理者制度を導入するために考え出されたこの見解は,きわめて問題のある見解であるといわざるをえない。

(4) 社会教育施設への指定管理者制度の導入状況

社会教育施設への指定管理者制度の導入状況は,2009(平成21)年11月に公表された文部科学省の「平成20年度社会教育調査(中間報告)」では,公民館,図書館,博物館などの社会教育施設・文化会館・生涯学習センター5万5090のうち1万2900施設で,率にして23.4%である。施設ごとに見ていくと,導入の割合の最も高い施設は「文化会館」であり,1741館のうち874館(50.2%)である。ついで青少年教育施設が1101のうち369(33.5%)を示している。ほかの施設の導入率は,公民館(類似施設を含む)8.2%,図書館6.5%,博物館19.1%,博物館類似施設27.9%,社会体育施設32.0%,女性教育施設27.8%という数字があがっている。性質別の指定管理者(管理受託者を含む)の状況では,最も多いのが「民法第34条の法人」で5973法人あり,ついで「その他」の3232団体,「会社」の2772社,「NOP」801団体の順となっている。

この数値は,今後ますます増加することが予測される。

4 今後の課題

2006(平成18)年9月に,地方自治法改正時に明記された公の施設への指定

管理者制度導入の猶予期間が終了した。地方公共団体は，この時期までにこれまで管理委託をしていた施設については，①直営に戻す，②指定管理者制度を導入する，③廃止する，といった整理が行われた。

こうしたなかで，指定管理者に指定されたのは，これまでその施設の運営にあたっていた財団・公社などが多く，民間事業者の参入割合は当初の予測よりは少なかった。

社会教育施設では，博物館や博物館類似施設への指定管理者制度の導入が際立って多く見られる。とくに，博物館運営をすべて民間事業者に任せた地方公共団体もいくつか見られる。社会教育施設での指定管理者制度の有効性があまり論議されることなく，経済的効率性のみが強調されている状況がある。

2009年には，指定期間3年とした公共施設・社会教育施設の指定が終わり，新たな指定のための手続きが行われている。そうした際に，社会教育施設の運営を指定管理者に委ねてどのようなメリットがあったのか，またデメリットはどうであったのかが検証されなければならない。そして同時に，社会教育施設の使命（ミッション）を再確認するとともに，その機能が最大限に発揮できるための条件整備とは何かを検討しなければならない。

なお，2008（平成20）年6月に社会教育法が改正されるにあたり，この法案の付託を受けた参議院文教科学委員会及び衆議院文部科学委員会は，委員会での全会一致の採択にあたりそれぞれ附帯決議を付している。社会教育，生涯教育の推進にあたって，公民館，図書館，博物館などの社会教育施設の活動の充実や社会教育主事，司書，学芸員の専門性の向上などとともに，「社会教育施設への指定管理者制度の導入による弊害についても十分配慮して，適切な管理運営をめざす」ことを求めている。この両院での委員会の改正法案に対する附帯決議を付した採決が，本会議でも可決されている。社会教育法の改正内容だけではなくこの附帯決議についても，地方公共団体は，社会教育施設などへの指定管理者制度を導入する際には真摯に受け止めていく必要がある。

第3章　社会教育の職員と指導者

第1節　社会教育指導者の種類と特質

1　社会教育指導者の種類

　社会教育において職員・指導者の果たす役割の重要性は，今さらいうまでもないであろう。その役割は，社会教育審議会が指摘するように，「社会教育の指導者は，権力的，統率的な存在ではなく，国民ひとりひとりがもつ向上意欲を啓発し，学習が自主的に行われるための条件を整え，さらに学習意欲を高めるようにするところに，そのおもな役割がある」（「急激な社会構造の変化に対処する社会教育のあり方について」1971年）。すなわち社会教育の指導者には，住民の自主性に即して，学習が成り立つような環境を整える役割が期待されている。

　ここでは，前述の社会教育審議会答申の社会教育指導者の分類・整理を参照しつつ，社会教育指導者の種類を以下のように整理する。なお，（　）内は設置の根拠法である。

〈指導者の種類一覧〉
　　一　社会教育主事（社会教育法第2章）
　　二　社会教育施設職員（社会教育法第5章，図書館法，博物館法等）
　　三　各種委員
　　（イ）行政の諮問委員
　　　　・社会教育委員（社会教育法第4章）
　　　　・都道府県生涯学習審議会委員（生涯学習振興法第11条）

        ・スポーツ振興審議会等委員（スポーツ振興法第18条）
    (ロ) 各種施設・事業の委員
        ・公民館運営審議会委員（社会教育法第29条，30条，31条）
        ・図書館協議会委員（図書館法第14条，15条，16条）
        ・博物館協議会委員（博物館法第21条，22条，23条）
        ・青年の家，少年自然の家運営委員
        ・女性教育会館等運営委員
        ・その他の施設運営委員
    四 指導員，講師・助言者，ボランティア
    (イ) 指導員
        ・社会教育指導員
        ・体育指導委員（スポーツ振興法第19条）
        ・青少年教育指導員
        ・女性教育指導員
        ・家庭教育指導員
        ・人権教育指導員
    (ロ) 講師・助言者
    (ハ) ボランティア
    五 管理的指導者，社会教育関連指導者，民間の指導者（講師・助言者を除く）

 これらのうち，社会教育主事，社会教育施設職員，各種委員，ボランティアについては別に詳述されるので，それ以外についてみていこう。

2 指導員，講師・助言者の役割

 学校教育における教師とは異なり，学習ニーズや学習内容・方法が多様な社会教育では，学習者を直接指導する立場にある人々も多様にならざるをえない。そのため，これらの指導者には，すでにある特定分野に関する特別な知識や経

験，技術・技能をもっていることが求められる。そこで，本職を別にもつ，パートタイムまたはボランティアの指導者を社会教育以外の分野から探し出さざるをえない。

また，自主的な学習活動を促進するために，地域住民の学習ニーズや地域課題を把握しながら，学習グループを育成したり，学習の方法について指導・助言が可能な指導者も必要になってくる。

(1) 指導員

指導員は，学習者に直接指導・助言を行うことを主な職務とする，行政の委嘱を受けた非常勤の指導職員である。その職務の主な内容は，学級・講座等での特定分野に関する直接指導，学習等に関する相談，地域団体の育成等となっている。つまり，指導員は，地域のなかで特定分野の学習内容・方法に関する知識や技術をもっている人で，地域住民に対する学習の機会・方法・情報の提供や指導者の紹介等の学習相談に応じている。

指導員は，具体的には前述のとおり，①社会教育指導員，②体育指導委員，③青少年指導員，④女性教育指導員，⑤家庭教育指導員，⑥人権教育指導員等があげられる。社会教育指導員と体育指導委員を除くと，多くは市町村教育委員会が地域の実情に合わせて，独自の委嘱を行っている。『平成17年度社会教育調査報告書』によると，これらの社会教育関係指導員の委嘱は，99％にあたる1157教育委員会が行っている。ここでは，社会教育指導員と体育指導委員について取り上げる。

① 社会教育指導員

社会教育指導員は，1972年度から制度化されており，学校教育関係者以外からも委嘱されるが，当初は退職した小・中学校長の活用を意図していた。社会教育指導員は法的な根拠をもたないが，文部科学省の国庫補助事業である「社会教育指導員設置事業」によって設置されていた。

この事業は，国・都道府県・市町村が人件費を分担して，その運用について

は，任期は1年以内，再任しても通算3年以内とし，社会教育指導員の条件を，①健康で活動的であること，②70歳未満であること，③社会教育に関する識見と特定の分野における専門的な指導技術を身につけていること，④住民から信頼されていること，と規定している。「地方生涯学習振興費補助金交付要項」では，補助要件として，①職務内容は，当該市町村教育委員会の委嘱を受けた社会教育の特定分野についての直接指導・学習相談または社会教育関係団体等の育成にあたること，②教育一般に関して豊かな識見を有し，かつ，社会教育に関する指導技術を身につけていること，③非常勤の職員とし，その勤務は週24時間程度とすること，としている。

しかしながら，この制度は，1998年度に補助制度から一般財源化されたことにより，国の制度としてはなくなり，地方独自の施策として継続されている。それでも全国で4492人が委嘱されている（『平成17年度社会教育調査報告書』）。

② 体育指導委員

体育指導委員は，スポーツ振興法第19条に規定されている必置の指導職員で，市町村の教育委員会が委嘱する。その職務は，「当該市町村におけるスポーツの振興のため，住民に対しスポーツ実技の指導その他スポーツに関する指導，助言を行うものとする」（同2項）と規定され，市町村のスポーツ振興施策の推進役を担っている。委員の選任は，「社会的信望があり，スポーツに関する深い関心と理解をもち」「職務を行うのに必要な熱意と能力を持つ者の中から」，市町村教育委員会が委嘱するものとされている。勤務形態は非常勤である（同3項）。

体育指導委員は，社会体育がさかんになるにつれてその需要も伸びている。『平成17年度社会教育調査報告書』によると，全国で5万1886（男3万6803，女1万5083）人となっている。

(2) **講師・助言者**

講師・助言者は，主に特定の学習内容・方法に関する専門的な知識や技術に

よって，学習者を直接的に指導・援助するものである。社会教育における学習者は非常に多様であり，その学習内容の範囲やレベルも多岐にわたる。そのため，これらの講師・助言者を職員としてかかえておくことは不可能に近い。そのため必要に応じて専門知識・技術を有する各分野の専門家を招くことが多い。その際，専門分野ごとに講師・助言者をリストアップした名簿が作成されることが多く，そのなかから適切な講師・助言者が選ばれることになる。

社会教育関係団体や自主的な学習グループの学習活動，社会教育の学級・講座，集会，講習会，研修会等，講師・助言者の活動の場は広範囲に及んでいる。その量と質の確保は，社会教育活動の成否に直結することになる。

(3) 管理的指導者，社会教育関連指導者，民間の指導者（講師・助言者を除く）

管理的指導者とは，具体的には，教育委員会の社会教育課長，社会教育施設では公民館長，図書館長，博物館長等，社会教育関係団体の長，民間社会教育事業者の所長等のことである。管理的指導者の職務は，社会教育指導者に対して，「命令・監督する立場」にあるので，「専門的事項にたずさわる指導者」とはその性格・役割等が異なる。したがって，管理的指導者を社会教育指導者には加えない論者も多い。ただ，「社会教育の領域においていろいろな働きかけを行う」立場にある者を官民を問わず指導者と呼ぶことにすれば，管理的指導者もこの範疇に入ることになる。

社会教育関連指導者とは，具体的には，公的事業にかかわっては，農業改良普及員，生活改良普及員，保健師，栄養士，民生児童委員等，社会福祉施設の職員，農業協同組合・生活協同組合等の研修担当職員，企業内の研修施設の担当者等である。

その役割は地域住民の健康や福祉のニーズに直接的に対応することが多く，また，行政の総合化の展開のなかで，大変重要になってきている。公的社会教育との連携・協力の要に位置づけられている。また，企業内研修施設担当者を社会教育関連指導者に含めることになればその養成・研修のあり方について検

討することが課題となる。

3 社会教育指導者の特質

社会教育審議会答申（1971年）の分類・整理を参照しつつ，社会教育指導者の種類をみると，前述のとおり，多種・多様な指導者が存在していることが理解できる。学校教育と比較すると，多様性が社会教育の顕著な特徴となっている。資格の有無，設置の法的根拠の有無，行政職か民間か，常勤か非常勤かなど，多種多様である。

このような社会教育指導者の多様性は，社会教育活動が広範囲にわたって，かつ多様に展開されていることに由来している。以下，このことを学校教師と比較しながら考えてみよう。ここでは，小学校・中学校の教師を念頭においている。

学校の教師は，教員免許制度に基づいて教員免許状を取得しなければならない。最近では民間人からの校長職登用も試みられているが，それは例外中の例外である。社会教育の場合，資格としては，社会教育主事，学芸員，司書に限定されている（最近中央教育審議会では，これらの資格を「社会教育士」や「地域教育士」等の汎用資格として共通化することについての提案の検討をしている。「新しい時代を切り拓く生涯学習の振興方策について～知の循環型社会の構築を目指して～」，2008年）。

もちろん，業界単位に「資格」を出しているものもあるが国家資格ではない。しかも，教師の場合は学校種別・教科別に専門性を担保する免許制である。それは学校がフォーマル・エデュケーションの典型であることに由来している。すなわち学校の教育課程・カリキュラムは国家基準に即して編成され，教師はその具現者としての資質・能力を求められることになる。その具体化が免許制である。

翻って，社会教育においては，学校教育における「教育課程の国家基準制」は存在しない。社会教育事業の企画・立案すなわち学習の目的・内容・方法は

自主編成を原則としている。学校教育が知識・技術を教科目に基づいて階梯的に教授するのに対して，社会教育は生活課題や地域課題等の問題解決型の学習が中心である。すなわち，社会教育活動は自主編成に基づく問題解決型の学習が主流を占めている。

このような社会教育の特質は，学習者の多様性，住民の多様な学習ニーズに基づいている。社会教育の学習者は，年齢，性，職業，居住地域等多様性に富んでいる。さらに，生活状況も居住している地域の状況も多様であり，そこから生じる学習ニーズも多様である。したがって，学習目的・内容・方法も多様となり，求められる指導者も国家資格を求められるものを含めて多様とならざるを得ない。

このように社会教育指導者のうち，住民の多様な学習ニーズを把握し，それに基づいて社会教育事業を企画・立案する立場にある指導者と学習者を直接指導する指導者とは分けて考える必要があろう。前者に求められる能力は，「学習ニーズの把握能力」であり，後者に求められるのは，「特定分野についての特別な知識・技術」である。とりわけ社会教育の場合，「教育課程の自主編成」能力が重要であり，その中核には「地域調査の能力」が位置づくことになる。後者の代表格である講師・助言者の活用も前者の能力のなかに含まれる。

第2節　社会教育主事の職務と専門性

1　社会教育主事制度の沿革

社会教育主事制度は，その淵源を遠く大正時代にまでさかのぼることができる。臨時教育会議（1917〜19年）での通俗教育の強調に端を発して制定された「地方社会教育職員制」（1925年）により，府県に社会教育主事及び社会教育主事補が設置され，地方における社会教育の巡回指導に当たることとなった。

戦後，この制度は廃止され，社会教育主事設置の制度的根拠はなくなったが，教育委員会法制定（1948年）とともに教育委員会法施行令のもとで再確認され，

都道府県教育委員会事務局に社会教育主事が設置され,「社会教育主事は,上司の命を受け,社会教育に関する視察指導その他の事務を掌る」(同令第16条5項)こととなった。

翌年の社会教育法(1949年,法律207号)制定にあたっては,この制度に根本的な変更は加えられず,社会教育法では社会教育主事については言及されないままであったが,1951(昭和26)年の同法改正により,新たに第2章(第9条の2～9条の5。なお,1959年に第9条の6追加)が新設・追加されて,現行の社会教育主事制度ができあがった。なお,2008(平成16)年の法改正によって「学校への助言」が新たな職務として加えられた。

社会教育主事は,前述のとおり,都道府県及び市町村の教育委員会事務局に設置される社会教育行政職員である。教育行政職員といっても一般事務職員ではなく,教育公務員特例法で「専門的教育職員」と位置づけられている。「『専門的教育職員』とは指導主事及び社会教育主事をいう」(同法第2条5号)として,社会教育のなかでは教育公務員特例法の適用を受ける唯一の職員とされ,かつ明確に専門的職員と定義づけられている。

また,社会教育主事は,教育委員会事務局に必置されることとなっているが,例外的に人口1万未満の小規模町村については社会教育法施行令により,「当分の間置かないことができる」という設置猶予規定が設けられ,現在もその措置が続いている。ただ,人口1万以上も含めて,社会教育主事の未設置市町村は少なくない。『平成17年社会教育調査報告書』によると,専任社会教育主事を設置しているのは2314中1552市町村の67％でしかない。市町村合併との関連で,未設置市町村の動向を把握する必要がある。社会教育主事数も巻末資料に示すように,徐々に減少しつつある。

1974(昭和49)年度から,都道府県に対する国庫補助事業として,社会教育主事派遣事業が実施されてきた。これは,都道府県教育委員会が市町村教育委員会の求めに応じて社会教育主事を派遣する事業で,都道府県と市町村相互の協定(契約)により実施される。派遣社会教育主事と派遣先市町村の社会教育

主事とが専門的分野を分担，補完するなどの方法により，市町村の実態に即した相互の協力体制を工夫して行われることになっている。

派遣される社会教育主事は，そのほとんどが学校教員である。学社連携の趣旨から好ましい成果が期待されたが，学校教育と社会教育の職務のちがいや給与・勤務時間等の相違から軋轢も生まれており，また，派遣期間が2～3年と限定されているために，社会教育の職務に慣れるのが精一杯というのが実情でもある。さらに，派遣制度が教頭・校長への登竜門ともなっているという声も聞かれる。

2　教育基本法改正と社会教育主事制度

教育基本法が1947（昭和22）年の制定以来，2006（平成18）年に60年ぶりにはじめて改正された。ここでは，教育基本法改正と社会教育主事制度に焦点をあてることにする。

社会教育に関する条文は，旧法の第7条が新法第12条になっている。旧法第1項の「家庭教育」は，新たに独立条文として新法第10条に規定され，「勤労の場所その他」は削除された。新法第1項の規定は，「個人の要望や社会の要請にこたえ，社会において行われる教育」と規定された。「勤労の場所」は，「個人の要望や社会の要請」のなかに包摂されたとも解釈できる。第2項は，「教育の目的の実現に努めなければならない」が「社会教育の振興に努めなければならない」と変更されている。国・地方公共団体が社会教育を奨励することと第2条（教育の目的）の実現との関係が不明確となったと解釈できる。

また，新法第3条に「生涯学習の理念」が新設・追加された。生涯学習社会の実現が教育基本法に明記され，その実現に果たす社会教育の役割が期待されることになったといえよう。

さらに，新法第13条に「学校，家庭，地域住民の連携協力」が新設・追加された。先の家庭教育の新設・追加を含めて，社会教育の連携・協力に果たす役割についてもその期待が表明されているといえよう。なお，この第13条の新設・

追加は，社会教育法第3条の改正（2001年）及び学校教育法第18条の2の追加（2001年）を受けたものであり，社会教育法・学校教育法の改正が教育基本法改正を先取りしたかたちになっている。

以上のような教育基本法の改正（先行する社会教育法及び学校教育法の改正を含めて）を受けて，社会教育法第9条の3に1項追加して，「社会教育主事は，学校が社会教育関係団体，地域住民その他の関係者の協力を得て教育活動を行う場合には，その求めに応じて，必要な助言を行うことができる」（第9条の3,2項）と規定したのである。

社会教育主事の職務として，「求めに応じ」た「学校」への「助言」が新たに加えられたことになる。「地域と学校の橋渡し役」としての社会教育主事の職務が社会教育法上明記されたことは，社会教育主事の配置や専門性の検討をせまられることになったといえよう。

3　社会教育主事の職務と専門性

社会教育主事の職務と専門性についての法的規定は，社会教育法第9条の3である。社会教育主事の職務は，同法では「社会教育を行う者に専門的技術的な助言と指導を与える。ただし，命令及び監督をしてはならない」（第9条の3,1項）とされている。「社会教育を行う者」とは，公民館主事，その他の社会教育施設関係者等の社会教育指導者ととらえるのが一般的であるが，1971（昭和46）年社会教育審議会の答申をはじめ，文部科学省の通知等を参照すれば，住民に対する指導者と考えられているようである。同答申は次のように述べている。

　　市町村の社会教育主事は，住民の自発的な学習を助成し，その地域における社会教育活動を推進するための実際的な世話役であるから，住民の学習希望の実態と地域の教育的必要を把握し，学習意欲を喚起し，集会等の開設を計画し，施設の配置・利用計画を立て，学習内容を編成し，さらには指導者の発掘とその活用計画を立てること，地域における社会教育計画の立案者及

び学習の促進者として，重要な役割を果たさなければならない。

このように，社会教育法上の社会教育主事の職務規定である「社会教育を行う者」に対する「指導・助言」は，社会教育関係者・社会教育指導者に対するというよりも，直接地域住民に対するものという意味合いが強いといえよう。以下若干の事例をみてみよう。

(1) **社会教育審議会成人教育分科会報告「社会教育主事の養成について」**(1986年)

社会教育主事に求められる資質・能力として，①学習課題の把握と企画・立案の能力，②コミュニケーションの能力，③組織化援助の能力，④調整者としての能力，⑤幅広い視野と探究心，があげられている。

(2) **生涯学習審議会答申「社会の変化に対応した今後の社会教育行政の在り方について」**(1998年)

「住民の学習活動は多様化・高度化し，住民にとっては社会教育行政以外の，首長部局や民間から提供される学習機会も魅力的なもの」となっているので，「今後の社会教育主事は，より広範な住民の学習活動を視野に入れて職務に従事する必要がある」「社会教育活動に対する指導・助言に加え，さまざまな場所で行われている社会教育関連事業に協力していくことや学習活動全般に関する企画・コーディネート機能」も担うよう期待されている。

なお，この答申は「社会教育主事となる資格を有する職員」を教育委員会事務局のみならず，「社会教育施設」「学校」「首長部局」にも配置するよう求めており，この考え方は，新教育基本法や社会教育法・学校教育法等の一連の改正のなかに引き継がれているといえる。

第9条の3第2項は，前述のように2008（平成20）年の改正で新設・追加されたものである。「指導」の文言はみられないこと，助言の対象となる「教育活動」も「社会教育関係団体，地域住民その他の関係者の協力を得て」いるものに限定されていること，「求めに応じて」の助言であること，という限定条

件が付されていることに注意しておく必要があろう。

ところで,この項の新設は,第1項と同様,教育基本法第3条(生涯学習の理念)及び同法第13条(学校,家庭及び地域住民等の相互の連携協力)を受けて,「社会教育主事を通じた学社融合等の推進」(1998年中央教育審議会答申)を図ろうとするものと見ることもできる。同答申は,そのためには,学校教育と社会教育の間に「双方向型のキャリアシステムの採用が必要」であるとの認識を示している。また,その延長上に「指導主事と社会教育主事との間においても,人事上や事業推進上の連携を進めていくことが求められる」と述べている。このように「人事システムの構築」に言及している背景には,もちろん「小・中・高校の教職員を社会教育主事に登用する場合が多い」という事情が背景にある。

社会教育法改正作業のなかでは,社会教育主事の職務・設置・配置について,「地域と学校の橋渡し役」「教育委員会だけでなく,学校にも置くこととし,家庭や地域の教育力の向上に努めるべき」「職務として,学校,家庭,地域社会のコーディネーターの役割を担う旨を規定すべき」などの意見表明がなされており,第2項新設につながったと考えられる。

(3) 日本社会教育学会職員問題特別委員会「知識基盤社会における社会教育の役割(提言)」(2008年6月7日)

「社会教育主事の役割の発展と配置」のなかで「社会教育主事の役割」等について次のように述べている。

(1) 社会教育主事の役割
① 社会教育委員が立案した社会教育計画に関する諸計画の推進者としての役割
② 社会教育関係職員等がコーディネートする地域の社会教育実践を教育行政の立場(主として条件整備)からサポートする役割
③ 社会教育関係職員等の研修システム(大学との連携も含む)を推進する役割

(2)　社会教育主事の役割の拡大
　　①　学校・家庭・地域との連携の推進
　　②　住民と行政との協働の推進
　　③　職業能力開発行政との連携
　(3)　社会教育主事の配置
　　「基礎自治体である市町村教育委員会には必ず置くことが求められる」
　　「社会教育主事の職は（原則として）教育委員会に属することが求められる」

　日本社会教育学会の提言は，社会教育計画については，社会教育委員の職務とのかかわりで，社会教育計画立案者ではなく，社会教育委員立案の計画の推進者としたこと，「地域の社会教育実践」のコーディネーターとしての役割を「主として条件整備」にとどめていること，「職業能力開発行政との連携」をはじめ「住民と行政との協働の推進」など，その「役割の拡大」をあげていることに注目しておく必要があろう。

4　社会教育主事の養成と研修

　社会教育主事となるための資格は，社会教育法第9条の4により，おおむね次のようになっている。
　①　大学に2年以上在学し62単位以上修得（高専卒）し，関係職経験通算3年以上で，社会教育主事講習修了者
　②　教員免許所持者で教育実務経験5年以上の社会教育主事講習修了者
　③　大学に2年以上在学して所要単位修得後，教育関係職1年経験した者
　④　社会教育主事講習修了者で，都道府県教育委員会が認定した者

　このうち第4号は1959年に追加されたものであり，社会教育主事制度創設当初は，大学での養成は最後の第3号に規定されていただけであった。つまり，社会教育主事講習が社会教育養成の中核になっている。社会教育主事講習は，社会教育法第9条の5に基づき「社会教育主事講習等規程」によって，「文部

科学大臣の委嘱を受けた大学その他の教育機関」において行われている。

　そのほか，大学での養成によって毎年膨大な数の社会教育主事課程卒業生が出ている。しかし，このような大量の社会教育主事有資格者の養成にもかかわらず，その大多数は社会教育とは無縁の職業に従事しているのが実情である。社会教育主事有資格者が増えることは，教員免許の開放制と同様に，社会教育の理解者が増えるという意味から好ましいことではあるが，養成数と従事者数の差があまりにも大きすぎる。養成制度の改善とともに採用制度の確立が必要不可欠である。

　そのための方策として，生涯学習審議会は，有資格者の活用方法として「社会教育主事有資格者データーベース（人材バンク）」制度を提案して，希望者を生涯学習推進センターや公民館等に登録して，住民に対する指導者・助言者として活用することを期待している（生涯学習審議会社会教育分科審議会報告「社会教育主事，学芸員及び司書の養成，研修等の改善方策について」，1996年）。

　より根本的には，社会教育主事有資格者が「行政部門にも，民間の教育学習機関にも，あるいはまた，企業における学習関連部門にも，その進路を選択できるようにすべきである」（社会教育審議会成人教育部会報告「社会教育主事の養成について」，1986年）との指摘が実現されなければならない。この提言から4半世紀が経過した。この提言の具体化策について，官民あげて，真剣に検討されなければならない。

　社会教育主事は専門職員にふさわしく，教育公務員として「その職責を遂行するためにも，絶えず研究と研修に努めなければならない」（教育公務員特例法第19条）。そのために，研修の機会が保障され，また，現職のままでの長期研修も認められている。さらに，任命権者の研修のほかに，文部科学省，都道府県の研修（社会教育法第9条の6）も実施される。

　これらの研修について生涯学習審議会は，「社会教育主事の研修体系について」を提示した（前掲生涯学習審議会社会教育分科審議会報告，1996年）。以下にそれを掲げておく。

表3－1　社会教育主事の研修について

	国（関係機関を含む）	都道府県	市町村
目的・ねらい	① 高度でかつ専門的な知識・技術の習得を図る ② 管理職の資質向上を図る ③ 社会の変化等に伴う新たな課題についての研修を都道府県等に普及するため、モデルとなるような研修を実施する	① 初任者、中堅職員等が職務を遂行する上での能力の向上を図る ② 地域の課題についての理解を図る	① 初任者、中堅職員等が職務を遂行する上での能力の向上を図る ② 地域の課題についての理解を図る
対象	都道府県・市町村の管理職又は指導的立場の職員を対象	都道府県内の初任者、中堅職員を対象	市町村内の初任者・中堅職員を対象
研修内容	① 生涯学習社会の進展に対応する研修のうち高度なもの （設定例） ・生涯学習と高等教育 ・社会教育施設とボランティア ② 課題別・専門別研修のうち高度なもの （設定例） ・現代的課題に対応する学習プログラムの開発 ・学習相談の理論方法	① 生涯学習社会の進展に対応する研修のうち基礎的なもの （設定例） ・生涯学習社会における社会教育の役割 ・生涯学習の理念と施策の動向 ② 課題別・専門別研修のうち基礎的なもの （設定例） ・社会教育計画の策定 ・学習ニーズの動向 ③ 地域の課題に関する研修 ④ 経験年数別の実務研修	① 地域の課題に関する研修 ② 経験別の実務研修
研修方法	① 講義、実習・演習形式による研修 ② 社研、国内外の大学、社会教育施設への短期研修・研究派遣 ③ 大学院等関係機関による科目等履修生制度等も活用したリカレント教育	① 講義、実習・演習形式による研修 ② 社研、国内外の大学、社会教育施設への短期研修・研究派遣 ③ 大学院等関係機関による科目等履修生制度等も活用したリカレント教育	① 講義、実習・演習形式による研修 ② 社研、国内外の大学、社会教育施設への短期研修・研究派遣 ③ 大学院等関係機関による科目等履修生制度等も活用したリカレント教育
支援体制	① 都道府県における研修を企画・指導できる人材の育成を図る ② 関連する情報の収集・提供、研修プログラムの開発・提供などを通じて都道府県・市町村・社会教育施設を支援	① 市町村における研修を企画・指導できる人材の育成を図る ② 関連する情報の収集・提供を通じて市町村・社会教育施設を支援	① 関連する情報の収集・提供を通じて社会教育施設を支援 ② 各市町村が共同して、研修を実施

第3節　社会教育関係委員の役割

1　社会教育の自由と社会教育法

　社会教育は地域の自主的な活動である。社会教育法制定当時の文部省社会教育課長が、社会教育法解説書で「社会教育の自由の獲得のために社会教育法は生れたのである」（寺中作雄『社会教育法解説』）と宣言したように、社会教育法では社会教育の自由を非常に強調している。「社会教育法は、社会教育活動の全面に亘つて、これを規制しようというのではない。常に国、地方公共団体というような権力的な組織との関係において、その責任と負担を明らかにすることによつて、社会教育の自由の分野を保障するのが社会教育法制化のねらいであつて、その限度以上に進出して、却つて社会教育の自由を破るような法制となることを極力慎しまなければならないのである」（同上）。社会教育法の制定は、そのような自由をめざすものであった。

　社会教育法は、このように社会教育の自由を強調する。そのために、社会教育関係団体に対する統制支配、事業干渉を禁止するために、当初、補助金を全面的に禁止したり、文部省や教育委員会の社会教育関係団体や公民館に対する指導助言を「求めに応じ」という留保条件をつけてしか認めなかった。また、罰則も、公民館の運営方針（社会教育法第23条、営利・政党・宗教活動の禁止）にかかわる部分を除いて存在しない。罰則は自由を制限するようであるが、これこそまさに寺中のいう「自由を阻む方面に拘束を加えて、自由なる部分の発展と奨励とを策すること」（同上）である。

　それだけに、社会教育の整備充実も自治体の自由に委ねられる傾向が強い。その意味で、社会教育法の精神の具体化・制度化には十分な配慮が足りなかったかもしれない。自治体の財政力によって格差が生じてしまい、「選択的定着」「地域的に異なる多様な定着」と評されることにもなる（小林文人「社会教育法

の定着」1970年）。

　したがって，社会教育では一定の基準を設けて，社会教育の質の向上，レベルの維持を図ろうとしてきた。それが，基準づくりであり，たとえば，枚方テーゼ，三多摩テーゼなどは社会教育実践の成果として共通化・蓄積され，大切にされてきた。文部省では法や基準によって教育行政の影響力を全国に及ぼしてきた。その意味では，文部省も自治体も民間活動団体も同じである。このように，社会教育法の精神の実現は，文部省による行政指導や地域での実践に委ねられてきた。

　しかし，このような基準づくりは中央から一定の規制を地方に課すということになり，社会教育の自由の制限という意味がないでもないが，「国民の自由を阻む方面に拘束を加える」ために，むしろ積極的に期待される行政の役割といえよう。

2　社会教育関係委員と住民参加

　このような社会教育の自由と住民参加の趣旨を最も明確に表しているのが，社会教育関係委員制度である。1971（昭和46）年，社会教育審議会は，このような委員について，「行政と民間の間にあつて，社会教育に関する住民の意向を行政や施設に反映させるためのパイプの役割」（急激な社会構造の変化に対処する社会教育のあり方について）と位置づけて，その重要性を指摘している。

　この答申では，直接に住民の指導に当たるいわば非常勤職員ともいうべき各種指導員と，行政や各種施設の諮問機関の役割を担う社会教育委員，スポーツ振興審議会委員，各種施設の諮問委員を，ともに「各種委員」として同一に扱って，混乱を生ぜしめた。このような問題点も有しながらも，諮問委員についてはその特徴と役割をよく示している。

　この答申が住民参加を生かす道を強調しているという点に，社会教育の住民重視の証しを見ることができる。学校教育では，学校評議員が2000（平成12）年，学校運営協議会が2004（平成16）年にようやく実現したことを考えると，社会

教育では住民の意見反映が早くから重要なものとされていたことがよくわかる。

　しかし，社会教育の世界では，このような諮問委員だけではまだ十分とはされなかった。公民館運営審議会の前身たる公民館委員会の役割が公民館運営の主体であったのに対して，社会教育法で具体化された公民館運営審議会が館長の諮問・助言機関になったことに関して，さらに，公選の委員から教育委員会の任命制に変わったことについて，社会教育法制定当初，社会教育関係者は強く批判していた。そのような批判はあったが，諮問委員を制度化したということは，住民の意見反映の必要性を意識しているという点では重要なものであった。

　このような各種委員が，社会教育にはきめ細かに配置されている。社会教育行政，社会教育施設，社会教育事業のそれぞれに対して委員がおかれる。社会教育行政（教育委員会）に社会教育委員，スポーツ振興審議会等があり，社会教育施設には公民館運営審議会，図書館協議会，博物館協議会等がおかれ，さらに，法定ではないが，青年の家などに運営委員会をおくのはごく普通のことである（青年の家等の運営委員は法定施設ではないので，その委員についてもここでは省略する）。

　そして，さらに丁寧に個々の社会教育事業にも運営委員がおかれる。その好例が，かつての青年学級振興法のもとでの青年学級運営委員会である。文部省は青年学級振興法制定（1953年）当時，次官通知によって，青年学級開設運営要綱を示し，「運営委員会」の項を特設して，「青年学級の運営委員会に関する事項は，別段，法に明記されていないが，法第三条（青年学級の運営方針，引用者）の精神は青年学級の運営にあたつては，学級生の意思を十分反映するために，地域の実情に即した運営委員会の如き運営組織を設けることを期待しているものであること」と，その設置を強く推奨していた。

　このような考え方は，ほかの事業でも準用され，その後のさまざまな学習事業でも運営委員会を設けて，学級生の意見を反映させてきた。生涯学習審議会答申「社会の変化に対応した今後の社会教育行政の在り方について」（1998年）

は,「青年学級振興法は社会の状況の変化に伴い, その存在意義が乏しくなってきている」として, その廃止を提案したが, 青年学級振興法は実は現在でもほかの社会教育事業との関係で, このように重要な意義を有している。かつ, 社会教育事業についての唯一の法的根拠を与えていたことを考えても, 青年学級振興法の廃止は実にさびしい。ただ,「青年学級振興法の精神を継承した社会教育行政を展開することが期待される」(同答申)というから, 今後の施策に期待したい。

　これらの委員は, 従来, ①地域の学校長, ②地域住民の代表, ③学識経験者, から構成されていた。とくに住民代表として,「二号委員」のもつ意味が大きい。これはまさに地域代表で, わざわざ「選挙その他の方法により推薦」を条件とする (社会教育法第15条2項2号, 第30条2項, 図書館法第15条2項。いずれも1999年改正以前の旧規定) ように, 住民の代表たる点が強調されている。

　地域・住民代表の選出の仕方には, 公民館運営審議会とそのほかの委員との間に微妙なちがいがある。公民館運営審議会は地域の「教育, 学術, 文化, 産業, 労働, 社会事業等」の各種の団体・機関代表 (社会教育法第30条2号) であり, 社会教育委員と図書館協議会では社会教育関係団体代表となっている。公民館はその活動の特性から, 単に社会教育関係団体だけでなく, 地域のさまざまな実践的な活動を反映することが求められるのである。

　図書館協議会は, これらのほかに, 社会教育委員, 公民館運営審議会委員をも入れることになっているが, 社会教育委員, 公民館運営審議会が社会教育における住民の意見反映の場として典型的なものと考えられていたことを示している。さらにいうと, 社会教育委員は公民館運営審議会で兼ねることができる (第16条, 同じく1999年改正で削除) ことから見て, 公民館運営審議会が最も基本的な委員と考えられていたことになる。

　なお, 博物館協議会はこれらと若干異なっている。その委員は「学校教育及び社会教育の関係者並びに学識経験のある者」(博物館法第21条) とされる。住民代表・地域代表というより, 専門家代表という性格が強いのであろう。後述

するように，地方分権一括法では，これと同じ表現がほかの委員にも用いられることになる。

　これら委員の設置の仕方については，公民館運営審議会は必置とされ，ほかの委員は任意設置である。公民館がとくに地域から遊離してはならないことを意味しており，さらに寺中構想以来の公民館委員会の伝統を引く公民館運営審議会は，当然地域住民の意見を反映させるために必須であると考えられたのである。それでも，前述のように，不十分であるとして公民館委員会との差異が批判されていた。

　社会教育委員は任意設置だが，1959（昭和34）年の改正で，社会教育関係団体への補助金支出に際して，意見聴取を社会教育委員に求めるようになったことから，準必置ともいえる状況である。1959年改正では，中立公正な第三者の意見に従って補助すべきであるとして，社会教育審議会や社会教育委員の会議に意見を聴くというように改正されたが，これらが公正中立な第三者かどうかは議論の余地がある。

　社会教育委員には，その多くが社会教育関係団体の代表で構成されている。これに意見を聴いて補助することは利益誘導にならないか疑問が残る。また，社会教育審議会（その後の生涯学習審議会や中央教育審議会でも）は，文部省任命の審議会であり中立公正とはいいがたいかもしれない。このような問題点は有するが，社会教育における住民参加は非常に丁寧につくられた委員制度によって実現しようしてきた。

3　規制緩和と社会教育関係委員

　このような制度が，連年の社会教育法改正によって大きく変化している。地方分権推進委員会に端を発して，1998（平成10）年の生涯学習審議会答申の提案がそのもととなっている。これは，同年の中央教育審議会審答申「今後の地方教育行政の在り方について」とともに，教育行政改革を促し，1999（平成11）年の地方分権一括法につながるものである。その提案の意味を探ろう。

答申の内容は，大略以下のとおりである。「規制の廃止，基準の緩和，指導の見直し等，地方分権をいっそう推進していく」ために，公民館運営審議会の必置規制の廃止，公民館長任命に際しての公民館運営審議会からの意見聴取義務の廃止，公民館長・主事の専任要件の弾力化，文部省補助図書館の館長の司書資格要件の廃止，公立博物館学芸員の定数規定の廃止等が提案されている。また，「社会教育行政における住民参加の推進」のためには，社会教育委員・公民館運営審議会・図書館協議会の委員構成の弾力化が求められる。その理由として，男性偏重，選出範囲の制限，任期長期化と固定化などがあげられている。

　これらの提起のもつ問題点について，委員を中心に見てみよう。地方分権化は住民自治・住民参加をめざすべきものであり，委員の選出規定をはずすと，その道を閉ざすことになりかねない。まして，公民館は地域住民の活動そのものであり，その運営審議会は必置こそふさわしい。このような基準を制定することは，地方分権・地方自治の趣旨に反するものではない。むしろ自由を伸ばすためにこそ，一定の基準が必要であろう。

　答申は，委員の固定化，男性偏重，利用者代表の疎外を批判して，「女性の割合は四分の一にとどまっている。今後，社会教育委員や社会教育施設の運営審議会等の委員に占める女性の比率を四割以上とすることを目指すなど，女性の積極的な登用が必要である」という。女性委員の増員は現代社会に不可欠であり，男女共同参画社会基本法やそれに基づく男女共同基本計画の趣旨からいえば当然の提起かもしれない。ただ，4割以上という数値の当否とともに，この表現では全委員とも女性でよいということになるが，それも問題かもしれない。

　しかし，ここで何よりも問題なのは，女性を含まなければならないということが，まさに新たな規制であるという点である。規制緩和の趣旨に反するといわねばならない。つまり，一方に規制を排しながら，他方に規制を強いるという矛盾をもたらすことになる。女性委員の増加は規制の緩和や強化によるべき

でなく，社会教育の実践によって解決すべき課題である（2001年改正の奉仕活動，家庭教育等の追加の問題も同様である）。

　委員の選出範囲が狭く制限され，あるいは委員の固定化・長期化が起こるという点については，委員選出規定は利用者協議会などからの選出を否定していない，と反論することができよう。社会教育関係団体は伝統的には主として青年団・婦人会を意味していた。これらの地域団体が解体・変容した現在，これだけを社会教育関係団体ととらえると，答申のいうように，委員選出の形骸化・固定化を招きかねないが，社会教育関係団体はとくに明確な定義を有しているわけではないから，どのような団体・グループもそのなかに含み得るし，まして，公民館運営審議会について規定する教育・学術・文化等の団体・機関としてはより一層多様な団体・グループさらに個人まで含むことが可能である。利用者協議会等の試行はこれまで各地で実践されてきた。このような点から考えると，これについての生涯学習審議会の提起はまったく意味をなさないというべきであろう。

　このような答申に基づき，法改正が行われた。1999（平成11）年7月の地方分権一括法（2000年4月施行），同じ時に公布されて翌年に施行された中央省庁再編関連法（2001年1月施行），そして，教育改革国民会議の提起を受けた2001（平成13）年7月公布・施行の社会教育法改正などである。

　地方分権一括法による改正は，ほとんどすべて生涯学習審議会の答申のとおりに実現した。答申の主旨は，女性委員4割以上という点を除いて，すべて実現したのである。

　中央省庁再編関連法においては，文部省の文部科学省への再編などが行われたわけで，社会教育法そのものの改正は大きくはないが，生涯学習振興法改正によって，生涯学習審議会が廃止され，その関係で社会教育法第13条の補助金支出に当たっての国の意見聴取が「審議会等で政令で定めるもの」＝「中央教育審議会生涯学習分科会」に訂正されるなどの改正が生じた。生涯学習審議会だけでなく，旧審議会が中央教育審議会でいくつかの分科会として残存してい

るが，必要なものなら堂々と残すべきであろう。単に形式上だけで廃止したことになっている。

そして，2001年改正でもまた大きな変更を生じた。第3条の社会教育法の原則にかかわる重要な規定（環境醸成）に第2項を追加して，「社会教育が学校教育及び家庭教育との密接な関連性を有することにかんがみ，学校教育との連携の確保に努めるとともに，家庭教育の向上に資することとなるよう必要な配慮をするものとする」よう，国・地方公共団体に求める（この部分は，現在，新教育基本法施行に伴う2008年改正で，新たな第2項とした生涯学習の振興をうたい，旧第2項は若干の文言を修正して第3項になっている）。そして，教育委員会の事務に，「青少年に対しボランティア活動など社会奉仕体験活動，自然体験活動その他の体験活動の機会を提供する事業の実施及びその奨励に関すること」「家庭教育に関する学習の機会を提供するための講座の開設及び集会の開催並びにこれらの奨励に関すること」を追加した。また，社会教育委員・公民館運営審議会委員の選出要件に「家庭教育の向上に資する活動を行う者」を追加した。

これらの改正は，社会の要請にふさわしいものに改めるためのものであろうが，ボランティア養成講座や家庭教育学級など従来実施された各種の事業が，法の制定・改正なしに行われたことをどのように考えるべきであろうか。また委員構成については，追加された語句（家庭教育の向上に資する活動を行う者）の意味もわかりにくいが，何よりも，新たな規制を追加したことの意味とともに，図書館・博物館協議会との差異も目立つようになってきた（これについては，上述教育基本法に伴う社会教育関係法改正で，図書館・博物館協議会とも「家庭教育の向上に資する活動を行う者」を追加して，2001（平成13）年以来のアンバランスが調整された）。

2008（平成20）年には，社会教育関係団体の補助にかかわって第13条も改正された。社会教育委員への意見聴取が，「社会教育委員が置かれていない場合は，条例で定めるところにより社会教育に係る補助金の交付に関する事項を審議する審議会その他の合議制の機関」でもよいことになった。

意見聴取を社会教育委員に限定せず，各種審議機関を活用するという規制緩和策であるが，補助金支出が社会教育の一環であることを考えると（もっとも，タテマエとしては憲法第89条により「教育の事業」には補助しないことになっている），やはりしっくりしない面が残る。公民館運営審議会の設置が任意化されたことによって，その存廃が危惧されたが，社会教育委員でも同じようなことが起こりかねない。

委員に関する近年の一連の改正の最大の問題点は，「当該区域内」の語を削除することによって，地域代表を排除したことであろう。近年制度化された学校運営協議会でさえ，その委員は，「当該指定学校の所在する地域の住民，当該指定学校に在籍する生徒，児童又は幼児の保護者その他」（地方教育行政法第47条の5，2項）から任命されることになっている。社会教育にこそ，このような「地域の視点」が必要である。

4　社会教育関係委員の任務

社会教育委員の任務として，社会教育法第17条は次のように規定している。

> 第17条（社会教育委員の職務）　社会教育委員は，社会教育に関し教育長を経て教育委員会に助言するため，左の職務を行う。
> 　一　社会教育に関する諸計画を立案すること。
> 　二　定時又は臨時に会議を開き，教育委員会の諮問に応じ，これに対して，意見を述べること。
> 　三　前二号の職務を行うために必要な研究調査を行うこと。
> 2　社会教育委員は，教育委員会の会議に出席して社会教育に関し意見を述べることができる。
> 3　市町村の社会教育委員は，当該市町村の教育委員会から委嘱を受けた青少年教育に関する特定の事項について，社会教育関係団体，社会教育指導者その他関係者に対し，助言と指導を与えることができる。

社会教育委員は独任制であり，主に個々の委員として職務を行っている。計

画の立案や，第３項の任務はそうであるが，上掲第１項第２号の役割は，定時・臨時の会議での職務であり，会議体としての役割ということになる。

さらに，第13条（補助金支出に関する意見聴取）は，わざわざ「社会教育委員の会議の意見」としているように，会議体としての役割が強調されている。なお，これは2008年改正で，前述のように社会教育委員に限定されないことになった。近年委員の減少は著しいが，それに拍車がかからないか気がかりである。それどころか，「平成20年度社会教育調査（中間報告）」では，ついに，社会教育委員の設置状況の統計さえ収録されていない（巻末資料参照）。文部科学省の社会教育委員に対する取扱姿勢を示しているようで，危惧の念を抱かせられる。

第３項は1959（昭和34）年に追加された規定で，市町村の個々の委員に対して委嘱され，青少年教育に関する特定事項について，社会教育関係団体，社会教育指導者その他関係者に対して助言と指導を行うというものである。青少年教育に関する特定事項とは，たとえば青少年の不良化防止・子供クラブの育成・青少年団体活動の奨励・読書指導等が例示されている。

これは，青少年教育の必要性が重視されるなか，その分野に経験と学識を有する社会教育委員に指導を依頼することにより，市町村では不足しがちな社会教育主事等の職員の任務を補うことを意図したものである。しかし同時に，諮問機関に指導員的役割を追加したことが，戦前的社会教育委員の復活として批判された。

なお，社会教育委員の設置されている自治体数は46都道府県（97.9％），2180市町村・組合（94.2％）で，委員数は計２万6224人である。委員の内訳は学校教育関係者4473（17.1％），社会教育関係者１万668（40.7％），家庭教育の向上に資する活動を行う者2282（8.7％），学識経験者8801（33.6％）となっている（平成17年度）。そのうち第17条第３項の青少年教育についての指導助言を委嘱された委員は5077人である。巻末資料に示すように近年減少しつつあり，前述のように平成20年度では統計そのものさえ示していない。学校評議員，学校運営協議会等の制度化に比してさびしいといわざるをえない。

社会教育委員に類似の委員として，都道府県レベルに，都道府県生涯学習審議会がある。都道府県生涯学習審議会は，1990（平成2）年に制定された生涯学習振興法第11条に規定されている（国の生涯学習審議会は中央省庁再編に伴って廃止された）。
　その役割は，「都道府県の教育委員会又は知事の諮問に応じ，当該都道府県の処理する事務に関し，生涯学習に資するための施策の総合的な推進に関する重要事項を調査審議」（2項）し，この事項に関して「必要と認める事項を当該都道府県の教育委員会又は知事に建議することができる」（3項）とされている。社会教育委員と生涯学習審議会の役割のちがいは非常にあいまいである。当時，旧文部省は両者のちがいを次のように説明していた。両法律の条文どおりの説明で，まったくわかりにくい表現である。

　　都道府県生涯学習審議会は，（中略）都道府県の処理する事務に関し，生涯学習に資するための施策の総合的な推進に関する重要事項を調査審議する機関であり，社会教育に関し教育長を経て教育委員会に助言し，あるいは，教育委員会に出席して社会教育に関し意見を述べることができる社会教育法第十五条に規定する社会教育委員とは，その主旨及び目的等が異なるものであること（平成2年文生生180号次官通達）。

　スポーツ振興審議会は，1961（昭和36）年に公布されたスポーツ振興法に規定されている教育委員会の諮問機関である。（これは，1999年に「スポーツの振興に関する審議会その他の合議制の機関」＝「スポーツ振興審議会等」と改正されている。つまり，設置についての緩和ではなく，名称について緩和されたわけである）。スポーツ振興審議会は，都道府県では必置であるが（第18条），市町村では「置くことができる」（同2項）と任意設置になっている。
　スポーツ振興審議会の委員の構成については，第18条第4項に「スポーツ振興審議会等の委員は，スポーツに関する学識経験のある者及び関係行政機関の職員のなかから，教育委員会が任命する。この場合において，都道府県の教育委員会は知事の，市町村の教育委員会はその長の意見を聴かなければならない」

とされている。委員の定数・任期等については，条例で定めることになっている（同5項）。

スポーツ振興審議会の職務は，その地方の実情に即したスポーツの振興に関する計画の策定（第4条3項）の際に，都道府県及びスポーツ振興審議会がおかれている市町村の教育委員会は，「あらかじめ，スポーツ振興審議会の意見をきかなければならない。」（第4条4項）とされている。ほかにも，「都道府県の教育委員会若しくは知事又は市町村の教育委員会の諮問に応じて，スポーツの振興に関する重要事項について調査審議し，及びこれらの事項に関して都道府県の教育委員会若しくは知事又は市町村の教育委員会に建議する」（第18条3項）という職務がある。

また，「スポーツの振興のための事業を行なうことを主たる目的とする団体」（第20条4項）に対し，地方公共団体が補助金を交付する際には，「あらかじめ，教育委員会がスポーツ振興審議会等の意見を聴かなければならない」（第23条）とされている。この意見を聴いた場合においては，社会教育法第13条に規定されている，社会教育委員の会議の意見を聴く必要がない（同）とされている。

社会教育施設におかれる委員は，公民館運営審議会，図書館協議会，博物館協議会である。これらは，それぞれ社会教育法第21〜31条，図書館法第14〜16条，博物館法第20〜22条に規定されている。その設置，定数，任期等はいずれも条例で制定されることになっている。

その任務はほぼ共通で，館長の諮問に応じて，各館の活動について館長に意見を述べることである。公民館運営審議会は，とくに公民館事業の企画実施についての調査審議も入っている。

公民館運営審議会では，そのほかに，館長任命に当たっての意見聴取規定があったが，1999年改正で削除された。公務員人事への民意反映の正当性や，またプライバシーの面からも，この条項は，従来十分に生かされていたとはいいがたかったが，社会教育における住民の意見重視という原則からすると惜しまれる。

第4節　社会教育におけるボランティアの意義

1　社会教育とボランティア

　ボランティアとは，第一次世界大戦の頃には自発的に兵役を志願する「志願兵」を意味していたが，その後は自ら進んで社会事業などに無償で参加する人という意味合いが強くなってきた。日本では，1960年代に民間の社会福祉事業のなかで恵まれない人への奉仕，慈善活動という内容で使われていた。1970年代の高度経済成長期に入ると，人と地域，人と人のつながりを求めるボランティア論が展開されるようになり，今日のボランティア活動は，福祉の分野のみならず地域づくりをはじめさまざまな分野で行われている。このボランティア活動の本質は，①自発性，②無償性，③公益性，④先駆性，にあるといわれている。

　社会教育のなかでは，子ども会活動などでの指導にボランティア活動ということばが使われていた。今日のようにさまざまな分野でボランティア活動が積極的に取り組まれるようになったのは，1995（平成7）年の阪神淡路大震災の際に，全国から大勢の人たちが被災地に駆けつけ，救援・支援活動を開始したときからである。これ以後，各地での災害発生時には，多くの人たちがボランティアとして援助活動を行うようになった。例をあげれば，1997（平成9）年のタンカー海難事故による石油流出事故や長野県冬季オリンピック・パラリンピックなどがあり，これらを契機にしてボランティア活動が国民の間に大きく広がっていった。

　こうしたなか，ボランティア活動の教育力に着目し，高校入試や大学入試，就職活動の際にボランティア活動への参加の有無を評価の手段とすることもあらわれてきた。また，企業などにおいては，社員がボランティア活動に参加する際には，ボランティア休暇を与えたり，また長期の場合にはボランティア休職制度をもつところもあらわれてきた。公務員の場合にも，同様にこうした制

度がつくられてきた。

　ボランティア活動における課題としては，地方自治体との協働ということで，地方自治体がボランティア活動を経費節減の手段として使っている状況もあり，またボランティア活動に参加する人に交通費や最低限の費用を支払うべきという有償ボランティアの考え方などが出てきている。これまでのボランティアの本質との関連で，今後の論議が必要である。

　国連は，21世紀にはボランティア活動が20世紀以上に活発化することを期待し，その最初の年である西暦2001年を「ボランティア国際年」とするとの宣言決議を採択した（第52回国連総会，1997年11月）。

2　各種答申にみるボランティア活動の意義

　社会教育行政におけるボランティア活動の意義，ボランティアの確保・養成などについて，各種の審議会の答申や報告等から見てみる。

(1) 社会教育審議会答申「急激な社会構造の変化に対処する社会教育のあり方について」(1971年)

　この答申では，「民間人の意欲的なボランティア活動を重視する必要がある」と指摘し，社会教育のなかで各種のボランティア活動の導入を取り上げた。そしてこの答申以降，国の社会教育行政においてはボランティア養成のための補助金事業の実施や社会教育審議会・生涯学習審議会・中央教育審議会等での各種答申・報告で，ボランティアやボランティア活動について，各種の提言を行っている。

　またこの答申には，1965（昭和40）年ユネスコのラングランが紹介した「生涯教育」という理念も取り入れられ，社会教育活動とボランティア活動の関連についての議論が始まった。そうしたなかで，文部省は，1976（昭和51）年に「婦人ボランティア活動促進」，1978（昭和53）年に「高齢者人材活用」，1979（昭和54）年に「青少年地域活動（ふるさと運動，仲間づくり，奉仕活動）」など

の事業補助を開始し，自治体の社会教育推進のなかでのボランティア活動の取り組みが奨励された。

(2) 臨時教育審議会答申（1985年〜87年）

　社会教育・生涯学習のなかでボランティア活動がさらに積極的に提唱されるのは，臨時教育審議会の4次にわたる答申（1985〜1987年）からである。この審議会は，「21世紀に向けての教育の基本的在り方」「生涯学習の組織化・体系化と学歴社会の弊害の是正」などを主要課題として総理大臣直属の審議会として設置されたものである。この答申では，これまで学校中心の教育体系から，生涯にわたっての学習や教育が尊重される教育体系，つまり「生涯学習体系への移行」の必要性が指摘された。

　とくに第2次答申（1986年）では，ボランティア活動を積極的に取り上げるよう提言している。「社会の教育の活性化」のなかで，「青少年や成人が生きがいや充実感をもって生きていくためのボランティア活動の振興など社会参加の機会を拡大する」と述べ，「奉仕活動などボランティア活動を振興していくことが重要である」と指摘している。

　また，「ボランティア活動の場の開発を図るとともに，何らかの社会的評価を与え，ボランティアに励みを与える仕組みをつくることなどについて検討すること」を提言している。あわせて，「ボランティア活動などの社会参加による傷害等の事故に対する対処方策や，長期間の奉仕活動などに対し企業や官公庁等において身分保障を行うなど，社会的基盤の整備が重要であり，公民館等の施設についても，ボランティア等を活用して，学習活動の活発化を図るなど，一層住民のニーズに応えることができるようにする」ことが提言されたのである。

(3) 社会教育審議会社会教育施設分科会報告「社会教育施設におけるボランティア活動の促進について」(1986年)

この報告では、ボランティア活動の意義を認め、社会教育施設の整備やその学習内容を「人々の学習活動の広がりに応えて、ボランティア活動の促進を図る」ことを「社会教育施設の課題」と指摘し、同時に「ボランティア活動による施設の活性化」と「多様な領域」におけるボランティア活動推進を促している。

(4) 中央教育審議会答申「生涯学習の基盤整備について」(1990年)

この答申では、「生涯学習は、ボランティア活動などの中でも行われるものである」「人々の学習活動を奨励するためには、学習成果を評価して学習を奨励する方策も検討する必要がある」と提言した。

(5) 生涯学習審議会答申「今後の社会の動向に対応した生涯学習の振興方策について」(1992年)

ボランティア活動とは、「個人の自由意志に基づき、その技能や時間等を進んで提供し、社会に貢献することであり、ボランティア活動の基本理念は、自発（自由意志）性、無償（無給）性、公共（公益）性、先駆（開発、発展）性にあるとする考え方が一般的である」としている。また、当面重点を置いて取り組むべき4つの課題の一つとして、「ボランティア活動の支援・推進」が取り上げられた。

そのなかで、生涯学習とボランティア活動の関係を、次の三つの視点からとらえ、実際の活動上の相互に関連するものであるとしている。

① ボランティア活動そのものが自己開発、自己実現につながる生涯学習となる
② ボランティア活動を行うために必要な知識・技術を習得するための学習として生涯学習があり、学習の成果を生かし、深める実践としてボランテ

ィア活動がある
　③　人々の生涯学習を支援するボランティア活動によって，生涯学習の振興が一層図られる

　また，現状では，社会教育施設（公民館，図書館，博物館，青少年教育施設，婦人教育施設等），スポーツ・文化施設，学校施設等においても，ボランティア活動あるいはボランティア活動を支援する事業を実践していると指摘している。
　さらにボランティア活動の支援・推進に向けての課題として，次の6つの課題をあげている。
　①　ボランティア活動をめぐる社会的文化的風土づくり
　②　ボランティア層の拡大と活動の場の開発
　③　情報の提供と相談体制の整備充実，連携・協力の推進
　④　自己等への対応と過剰な負担の軽減のための支援
　⑤　企業における課題
　⑥　評価

(6)　**生涯学習審議会答申「地域における生涯学習機会の充実方策について」**（1996年）
　地域住民の学習ニーズに応えるため，社会教育・文化・スポーツ施設へのボランティアの受け入れを進める必要性をあげ，社会教育主事，司書，学芸員等の資格をもちながら業務にたずさわっていない人の活用，人材バンクの創設等により人材の確保についても言及している。課題としては，ボランティア・コーディネーターの養成や情報の提供等，施設や行政による受け入れ体制の整備が上げられている。
　ボランティア活動は，「施設にとってその組織運営の活性化に重要であるばかりでなく，ボランティア自身にとっても，自己開発・自己実現につながる学習の場として，学習成果を生かす場として，あるいはボランティア相互の啓発により学習を活性化するものとして重要である」「ボランティアを受け入れる

ことは，施設の提供する学習機会をより充実するばかりでなく，地域住民の希望や意見を施設の運営に反映させ，その活性化に寄与する。また，ボランティアとして協力する人々にとっても，その活動は自らの能力を生かす道でもあり，生きがいや自己実現に結びつくものである」として，生涯学習の視点からボランティア活動の拡充を提言している。

(7) 生涯学習審議会答申「学習の成果を幅広く生かす―生涯学習の成果を生かすための方策について」(1999年)

　人々が生涯学習の成果を生かす場面を，「個人のキャリア開発」「ボランティア活動」「地域社会の発展」としている。そして「ボランティア活動は，生涯学習の成果を生かし，深めるのに相応しい場のひとつであり，学習成果を活用するためには，ボランティア活動を推進していくための方策を検討することが重要な課題である」とし，また，「生涯学習の考え方においては，学習を通じて自己を成長させ，社会に参加し自己実現を図ることが強く意識されるところから，ボランティア活動においても，他者のためであると同時に，自己のための活動でもあるという，意識の上での自然な融合が図られつつある。生涯学習によるボランティア理念の深化が見られる」「ボランティア活動とこれに伴う学習活動を一体のものとして捉え，誰もが参加できるものとする雰囲気を醸成するとともに，積極的に生涯学習の成果を生かすようにすることが大切になってくる」という認識を示している。

　そして「図書館，博物館等の社会教育施設等においては，住民のボランティアの受け入れを社会的な責務として捉え，積極的に受け入れることが望まれる。ボランティア活動はある意味で生涯学習そのものであって，ボランティアの受け入れは，施設にとっては，学習者に学習活動の機会を提供するという施設の本来の目的ともいうべきものであり，施設の運営の活性化にも役立つと期待される」「ボランティアにとっても，活動の場が広がるとともに，学習の場において学習成果の活用が図られることになり，学習を進める上で極めて効果的で

あるなどメリットが大きい」とし，施設側の積極的な受け入れ態勢の整備を求めるとともに，ボランティア活動の無償性にかかわっては「それぞれのボランティアが判断すべきもの」とし，「実費や食事代等の支給は，ボランティアを励ましその活動を促すものであり，支給を受けてもボランティア精神にもとるものではない」という考え方を示している

学習成果をボランティア活動に生かすにあたっての課題対応策では，次のことなどをあげている。

① 多様な活動の発見・創造
② ボランティア活動のもつ社会的責任
③ ボランティア活動についての自己評価の促進
④ ボランティア活動に対する共感の輪の拡大
⑤ 生涯学習ボランティアセンターの設置促進
⑥ ボランティアバンクの構築
⑦ ボランティア・コーディネーターの養成，研修

(8) **中央教育審議会答申「青少年の奉仕活動・体験活動の推進の方策等について」**（2002年）

「博物館・美術館等でのガイドボランティア等の活動は個人の能力や経験，学習成果を生かし日常的に取り組めるものであり，活動等の裾野を広げる上で意義が深い」として，このため，社会教育施設等においては，ボランティアの受け入れ，活用を組み込んだ事業の運営，施設の担当者の指定，ボランティア及び職員双方への研修なども準備し受け入れに必要な環境準備を行うことを求めている。

(9) **中央教育審議会生涯学習分科会報告「今後の生涯学習の振興方策について」**（審議経過の報告，2004年）

関係機関・団体の活動の活性化のための方策で「ボランティア活動は，各人

が社会の形成に主体的に参画する新しい『公共』の精神を涵養する活動になっている。ボランティアの自主性を尊重しながら活性化されるような環境づくりがさらに必要になってくる」との認識を示し，また学習者がその学習成果を生かし，公民館などでボランティア活動をする場合，これらの活動の諸経費の費用弁償などの有償化について検討すべきとしている。

3　社会教育施設でのボランティア活動

(1)　社会教育施設でのボランティアの受け入れ状況

公民館・図書館・博物館等の社会教育施設でのボランティア活動の状況を，文部科学省の「平成20年度社会教育調査（中間報告）」から見てみる。

①　ボランティアの登録制度をもつもの

各施設がボランティア登録制度をもつ比率は，図書館66.7％（2110館），博物館37.0％（461館），女性教育施設32.4％（123施設），青少年施設29.6％（334施設），公民館16.6％（2753館）である。

また登録されたボランティアの人数は，表3－2のようにおおよそ公民館25万人，図書館9万8400人，博物館2万9000人，青少年教育施設2万3000人，女性教育施設1万人であり，合計65万6000人に達している。平成17年度の調査結果と比較するといずれも増加の傾向にある。

(2)　公民館のボランティア活動

公民館でのボランティア活動は，1976（昭和51）年の文部省が実施した「婦人ボランティ活動」への補助制度を導入して，公民館活動の充実を図るために取り組まれたことに始まる。

京都府宇治市公民館では，1979（昭和54）年にこの補助金制度を活用して「婦人ボランティア養成講座」に取り組んでいる。その内容は，公民館での子どもを連れた母親の学習を保障するために，子どもをあずかる「公民館保育」を支えるボランティア保母養成を行うために開設された。そして，受講終了後，

表3－2　ボランティアの登録人数

	団体登録制度		個人登録制度		計	
	館　数	登録人数	館　数	登録人数	館　数	登録人数
公民館	2,391	221,351	671	28,253	3,062	249,604
図書館	1,759	65,979	827	32,452	2,586	98,431
博物館	229	15,771	259	13,739	480	29,510
青少年教育施設	168	14,113	211	8,650	379	22,763
女性教育施設	82	8,234	51	1,748	133	9,982

出所：文部科学省「平成20年社会教育調査報告（中間報告）」2009年11月

ボランティア保母として活動している。

　その活動のなかで市教育委員会とも話し合いながら，「公民館保育室」を公民館の必要施設として位置づけ，市の総合計画に基づいて建設された4つの公民館（中央館・地区公民館）には，公民館保育室を設置するとともに，保育ボランティア制度をつくりあげたのである。その後，首長部局での各種の教室・講座等にも，保育室（託児室）が設けられるようになり，ボランティア養成講座の成果を見ることができる。本来，行政が取り組むべきであるが，取り組めていない状況にあって，ボランティアがその制度を行政につくらせていく「ボランティアの先駆性」の事例である。

　各地の公民館では，こうした保育ボランティアのほかにも，公民館の各種教室や講座を受講した高齢者や成人・女性等が，その学習経験を生かして，公民館で開催される教室の講師を引き受けたり，また，地域で取り組まれる活動を支援するボランティアとして活躍している。そのほかにも，公民館図書室の運営や学習プログラムの企画・立案・広報資料作成，子ども会活動の指導，野外活動の援助など多くの分野で活躍している。

　なお，2003（平成15）年に改正された「公民館の設置及び運営に関する基準」第5条（奉仕活動・体験活動の推進）では，「公民館は，ボランティアの養成のための研修会を開催する等の方法により，奉仕活動・体験活動に関する学習機

会及び学習情報の提供の充実に努めるものとする」としている。

　先の『社会教育調査』の調査票記入の注意では，公民館のボランティア活動は，「学級・講座などにおける指導・助言，社会教育関係団体が行なう諸活動に対する協力などで無償の奉仕活動をいう」とし，図書館では「対面朗読，点字図書の作成などにおける無償の奉仕活動をいう」，博物館では「展示資料の解説，会場整理への協力，点字資料の収集・製作等にあたる学芸員への協力などにおける無償の奉仕活動をいう」と説明し，またいずれも「交通費など参加に要する経費の実費額程度を支給する場合も無償として取り扱います」と説明している。

(3) 図書館のボランティア活動

　現在，公立図書館ではさまざまなかたちでボランティアが受け入れられ，活発な図書館活動が進められている。公立図書館でボランティアを受け入れるようになったのは，1970年代に始まったが，それが積極的に導入されるようになったのは，前述1986（昭和61）年の社会教育審議会社会教育施設分科会報告が公表されてからである。

　この報告のなかで図書館活動へのボランティアの活動事例として，視覚障害者のための点字図書や録音テープなどの作成，子どものための読み聞かせ・ストーリーテリング，紙芝居や，読書会活動，書庫の図書整理や破損図書の修理などが紹介され，施設の受け入れ体制の整備や，費用負担，事故防止などについての課題も指摘されている。

　2001（平成13）年7月18日に告示された「公立図書館の設置及び運営上の望ましい基準」には，「ボランティアの参加の促進」として，「国際化，情報化等社会の変化へ対応し，児童・青少年，高齢者，障害者等多様な利用者に対する新たな図書館サービスを展開していくため，必要な知識・技能等を有する者のボランティアとしての参加を一層促進するよう努めるものとする。そのため，希望者に活動の場等に関する情報の提供やボランティアの養成のための研修の

実施など諸条件の整備に努めるものとする。なおその活動の内容については，ボランティアの自発性を尊重しつつ，あらかじめ明確に定めておくことが望ましい」と記されている。

今日の公立図書館で行われているボランティア活動として，次のようなものがある。

① 児童へのサービスとして，乳幼児や児童への読み聞かせ，お話し会，ストーリーテリング，人形劇，紙芝居，遊びの集いの企画・実施など
② 障害者へのサービスとして，対面朗読，点字図書の作成，録音テープへの吹き込みなど
③ 図書館内のサービスとして，資料整理，図書の記録，破損図書の修理，新聞記事のスクラップ作成，書架の整理，ポスターの展示，館内案内，広報活動（図書館広報紙の作成，行事のチラシ・ポスターの作成），情報化・電子化のための活動（ホームページの作成，資料のデジタル化）など

こうしたボランティアの幅広い活動は，図書館職員の本来的業務との関係で見ると，「職員の専門性とは」という問題も生じてくる。

(4) 博物館のボランティア活動

国立科学博物館では，1986（昭和61）年から青少年向けの体験型展示「たんけん館」において，来館する青少年に対する見学学習への指導助言ということで教育ボランティア制度が導入された。今日では，さらに活動の範囲を広げて施設や展示の案内，講座や観察会などの行事にもその活動を広げている。

全国の博物館においてボランティアの受け入れ内容で最も多いのが「展示解説」であり，ついで「インフォメーション業務」「展示室監視」「資料整理」「発送補助」「ワークショップ」「体験学習指導」などである。また資料整理のボランティア活動としては，画像入力処理，古文書筆写，データーベース作成，標本製作など学芸員とともにあたっている。こうしたボランティア活動への参加希望者も年々増加傾向にある。

2005（平成17）年に開館した九州国立博物館のボランティアの受け入れ状況を見てみる（永田香織「九州国立博物館に見るボランティア活動の現状」2006年）。ボランティアの位置づけを「自らの自由意志に基づき，九博のパートナー（協働者）として，博物館活動の支援推進のために，知識・技能を無償で提供していただく方」であり「館の業務を補う『無償の労働力』ではなく，博物館環境のなかで自己実現できる方」としている。

　このような考え方のもと九州国立博物館では，「館内案内＝展示室以外の主な施設・設備を案内する。日本語・英語・韓国語・中国語」「ボランティア主催のイベントの企画・立案」「参加体験エリアでの手助け」「アジアの様々な国の民族衣装や生活用品などを展示している参加体験エリア『あじっぱ』での来館者の手助け」「展示解説＝４階の文化交流展示室（常設展示室）における展示本の解説」などの活動を，来館者サービスの充実を図るとともに，生涯学習の推進及び博物館活動を支援することを目的として，ボランティア制度を導入した。

　ボランティアの募集にあたって，定員250名に対し871名の応募があり，選考のためのレポートも673名が提出をした。この選考の結果，最終的には正規ボランティア250名・学生ボランティア43名でスタートしたのである。

　江戸東京たてもの園（東京の歴史文化的な価値が高い建築物を移築し，復元・保存・展示する野外博物館，東京都立・江戸東京博物館分館）では，職員の削減によりボランティアの活動がなければ園の運営が成り立たない施設もある（池田克樹「地域・ボランティアとの連携が博物館の魅力を再生した」2004年）。ここでのボランティアの活動内容は，①茅葺民家の燻煙（囲炉裏で火を焚く）をしながらの湯茶サービス，②園内の解説ガイド，③園行事の共同企画，支援，④自主勉強会，⑤その他（会報発行，勉強会・研修会の実施）があり，来園者を手厚く迎えている。ここでは，正規ボランティ182名，臨時51名が登録し博物館活動を支えている。

　職員とボランティアの関係について，学芸員は次のように述べている。「も

はやボランティアなくして，たてもの園のサービス運営はできない状態。江戸東京の生活文化歴史をいきいきと再現しようというのがこの園のミッションです。キーワードは情景再現。園の職員はコーディネーター役。これに共感できる人は一緒にやりましょうというのが基本になっています。勝手に何かをやられては困るから規則で活動を管理しようというのでは協働は難しい」。

4　社会教育ボランティアに求められるもの

　社会教育施設におけるボランティア活動は，各種答申から「ボランティア活動をすることが学習の成果を生かすことであり，またよりよいボランティア活動を行うための学習が生涯学習である」ということができる。したがって，社会教育施設で，ボランティア活動を通じて，人と人が交流し互いに教えあい学びあうことができるのである。こうしたことから今後の社会教育施設でのボランティア活動を充実させていくためには，次のような課題を検討しつつ，ボランティアの力を借りて，住民にとって誇るべき施設となるよう期待したい。

① 　行政と市民との協働という点から，行政は行政の都合でボランティアを活用するのではなく，またボランティアも自己の責任でもって活動を行い，互いの役割を認識したうえでの関係を確立する。

② 　施設活動の充実という点から，専門職員である施設職員とボランティアの果たす役割分担や協力して取り組む内容などを明確にする。

③ 　社会教育施設は，ボランティアがよりよい活動を展開できるための養成講座などを企画し実施するとともに，ボランティア自身の学習を支援する体制を確立する。

④ 　ボランティアが，社会教育施設での活動を誇りに思い，その施設での活動を通じて，地域づくりに貢献できるような支援体制を構築する。

第4章　社会教育事業の展開

第1節　学習者と社会教育の内容・方法

1　社会教育・生涯学習の学習者

　社会教育・生涯学習事業の対象となるのは，社会教育法第2条では，「主として青少年及び成人」であるとしている。つまり，すべての年代の人々が対象者であるが，現実の社会教育・生涯学習事業は，主に成人を対象として企画されている。

　成人といってもその年齢差は幅広く，また性別や学歴，職業生活体験，家族構成，居住地域，地域活動経験などを加味すると，一人ひとりが多様な人生経験をもっている。

　このように社会教育・生涯学習に取り組む学習者の多様性は，社会教育・生涯学習事業内容の多様性をもたらし，また学習方法においても多様な方法が取り入れられることになる。

　この成人に対する教育の特徴を，アメリカの成人教育学者ノールズ（Knowales, M. S.）は，子どもへの教育「ペダゴジー」（pedagogy）に対して，「アンドラゴジー」（andragogy）の概念で説明している。ペダゴジーでは，子どもに対する教育内容・教授法・教育者・学習評価などの課題について，古くから子どもの発達に即して理論的に構築されている。それに対してアンドラゴジーは，成人教育の教育内容等の研究というよりは，成人の自立的学習を促進するため，成人の学習行動の特徴を生かした学習支援の方法についての理論という側面が重要である。

ノールズは、成人の学習活動の特徴として次のように説明している（麻生誠・堀薫夫『生涯発達と生涯学習』1997年）。

① 学習者の概念

人間は成熟するにつれて、依存的なものから自己主導的（self-directing）なものに変化していく。したがって、成人の学習においては、こうした心理的特性を配慮した学習援助が求められる。また、こうした成人の自発性を尊重した学習形態を「セルフ・ディレクティド・ラーニング」（self-directed learning）と呼んでいる。この学習形態こそが、成人の特性を活かした学習形態である。

② 学習者の経験の役割

人間は成長するにつれて、多くの経験を蓄積していく。その経験が人格化されている場合が多く、この経験が行使できなかったり見下されたりしたときには、成人はその人格そのものが拒絶されているものと思ってしまうことが多い。したがって、成人教育では、成人の経験をうまく開発していく方法を探っていく必要がある。

③ 学習へのレディネス

成人は、現実生活や職業などにおいて課題や問題に直面したとき、うまく対処する必要性を感じたときに学習しようとする。つまり、学習に対する準備ができているということである。したがって、成人教育を援助する場合は、学習者がどのような課題に直面しているのかを把握し、それにあう適切な学習援助を行う必要がある。

④ 学習への方向づけ

成人の学習者は、いつかは役に立つであろうという学習よりは、今日得た知識や技能を、明日からより効果的に応用できるように望むものである。したがって、学習者が直面している問題を即解決できるような学習が求められている。

⑤ 学習への動機づけ

成人の学習への動機づけは、外的なもの（昇進、より良い給与など）も多いが、より重要なものは内面的なもの（自尊心、自己実現）である。したがって、成人学習の援助者は、こうしたより潜在的な動機の側面にも十分注意を払わなければならない。

　ノールズのアンドラゴジーの考え方は、成人教育を進め、成人の学習を支援するうえにおいて、十分に注目する必要がある。

2　生涯学習の機会

　成人が学習活動を行うのは、自分で読書などを通じて一人で行う場合と、社会教育施設などが実施する学級や講座などに参加し、ほかの受講者と一緒になって行う場合がある。

(1) 公的社会教育施設の活用

　公的社会教育施設としては、地方公共団体が設置する公民館、博物館、図書館、青少年教育施設、女性教育施設、社会体育施設等があげられる。それぞれの施設で行われている学習事業には次のようなものがある。

① 公民館は、一定区域の住民に対して学級や講座その他講演会、文化活動、体育・レクリエーション活動を提供している。巻末資料が示すように、現在全国に約1万6566館あり、46万9990の学級や講座を開設し、1308万788人の人々が参加している（文部科学省「平成20年度社会教育調査（中間報告）」、以下の数値も同様）。

② 博物館は、収集した資料の研究や展示活動を通じて学習の機会を提供している。博物館は全国に1245館（類似施設4528館）あり、展示活動のほかに学級や講座も開設しており、年間2万392件、183万7926人の人々が参加している。

③ 図書館は、全国に3165館あり、図書資料の提供を通じて学習援助を行っている。図書館に登録している人は3403万1694人で、年間6億3187万2611

冊の本を貸し出している。
④　青少年教育施設には，青年の家や少年自然の家，児童文化センターなど全国に1130施設あり，学校外の青少年教育にあたっている。
⑤　女性教育施設は，全国に380施設ある。地方公共団体では，最近は男女共同参画センターなども設置し，学級・講座などをはじめ各種の事業を実施している。
⑥　社会体育施設には，体育館や，陸上競技場，野球場など多様な施設が4万7925施設あり，4億8235万1000人の人たちが利用をしている。

(2)　その他の公的施設
①　地方公共団体の設置する各種施設
　都道府県や市町村が設置する各種公的施設でも学習活動が行われている。都道府県を中心に設置されている生涯学習センター（首長部局の所管や教育委員会所管のものがある）では，住民の学習支援をするため学習情報の提供や学習相談業務を行うとともに，各種の学級や講座なども開設している。また，男女共同参画センターでは女性のエンパワーメント・社会参加・キャリアアップなどの男女共同参画社会の実現をめざす学習活動が行われている。また福祉関連施設，保健関連施設，職業関連施設においても学習活動が行われている。
②　学校・大学
　地域に根ざした学校をめざし，小学校・中学校・高等学校などにおいても学習の機会が提供されている。小学校・中学校は，体育館やグラウンドなどを地域に開放している場合が多い。また高等学校では，学校図書館の開放や公開講座の開設などを行い地域住民へ学習機会の提供を行っている。
　大学では，大学のエクステンションや地域貢献ということで大学の教育機能を地域に還元するために公開講座や市民大学の開設などを提供している。また最近は，社会人を正規学生として学部や大学院に受け入れるなども行っ

ている。放送メディアを利用した放送大学，通信教育制度などで学習の機会も提供されている。

(3) **民間教育施設**
① 民間カルチャーセンターなど
　放送メディアなどが中心に設立している民間カルチャーセンターは，1974（昭和49）年東京・新宿にオープンした朝日カルチャーセンターの成功で全国の都市を中心につくられ，多くの受講生を集めた。しかし，1990年代以降の日本経済の低迷により，現在は以前のような隆盛はないが，多くの人々を集めている。また，スポーツ関係では，民間のスポーツクラブが各地につくられ，健康の維持・増進や体力アップなどを目的に多くの人々を集めている。
② NPO活動・ボランティア活動
　市民の自主運営によるNPO（非営利団体）や各分野にわたるボランティア活動のなかでも，その活動を通じて「生涯学習」活動がなされている（NPO，ボランティアについては別に詳述）。

3　社会教育の内容

　学校教育では，小学校，中学校，高等学校がそれぞれ児童・生徒に教える内容について学習指導要領に規定され，これに基づいて教育活動が行われている。これに対して，社会教育の内容について，法的に規定されたものはない。辛うじて，社会教育法第2条に「体育及びレクリエーションの活動を含む」とう文言があるのみである。
　社会教育自体の定義も，「社会教育とは，学校教育法（中略）に基き，学校の教育課程として行われる教育活動を除き」（第2条）とされ，その対象領域は非常に広範囲のものであり，同法第3条には「自ら実際生活に即する文化的教養を高め」ると，教育の目標を示す文言があるのみである。このように，社

会教育の内容を定義することは困難で，結局，社会教育は現実の生活に関するすべての課題に対して，自由に行われると解することができる。

　文部科学省が実施する社会教育調査での学習内容の具体例では，次の６つのカテゴリーに大分類している。

　　①　教養の向上　　　　　　②　体育・レクリエーション
　　③　家庭教育・家庭生活　　④　職業知識・技術の向上
　　⑤　市民意識・社会連帯意識　⑥　指導者養成

　調査票記入上の注意事項では，これらをさらに詳細に説明して，たとえば，「教養の向上」については，外国語，文学，歴史，自然科学，哲学・思想，心理学・カウンセリング，映画鑑賞，芸術鑑賞（音楽・演劇等），自然観察・天体観測などの分野と，教養の一部として別に「趣味・けいこごと」をあげ，そこには華道・茶道・書道，俳句・短歌・川柳，将棋・囲碁・カルタ，音楽実技（合唱・演奏・演劇等），ダンス・舞踊，芸能，美術実技，手工芸・陶芸，工作・模型，写真・ビデオ，パソコン・ITなどを例示している。教養の向上だけでこれだけの説明を要する。社会教育内容の厖大さ，複雑性・多様性をよく示している。

　1992（平成４）年の生涯学習審議会答申「今後の社会の動向に対応した生涯学習の振興方策について」では，「当面重点を置いて取り組むべき四つの課題」として，①リカレント教育，②ボランティア活動，③青少年の学校外活動，④現代的課題に関する学習機会の充実をあげている。

　とくにこの現代的課題として，生命，健康，人権，豊かな人間性，家庭・家族，消費者問題，地域の連帯，まちづくり，交通問題，高齢化問題，男女共同参画型社会，科学技術，情報の活用，知的所有権，国際理解，国際貢献・開発援助，人口・食糧，環境，資源・エネルギーの19項目をあげている。やはり多様な課題が示されているが，これは現代における社会教育の課題と内容を示していることになる。

　結局，社会教育の内容は，学校教育法に規定された教育課程以外の教育であ

ることから，その範囲は無限であるといわざるを得ない。それゆえに，学習内容を明示することも困難であり，社会教育法や社会教育調査，答申に盛られた現代的課題などが，一応社会教育の内容ととらえることができるが，これがすべてではなく，またこれに限定されるべきものでもない。社会教育の内容については，住民が学びたいと思うことすべてであるというべきであろう。

　社会教育の学習内容は，このような多様ななかから選択されるわけであるが，それには一部制約が加えられている。それは社会教育法第23条に，公民館が行ってはならない行為が規定されていることである。これについては第2章第2節で詳述しているのでここではふれないが，要するに，公民館では，特定の営利事業に絡む講座や特定の政党を支持するような講座，特定の宗教団体の教義を教えるような講座などについては，学習事業として不適切であるとして取り組まれていないのである。

　この条文は公民館の禁止行為であるが，教育委員会や首長部局などでもこのような事業には取り組まれていない。また一般に，公序良俗に反する内容の事業についても取り組むべきものではない。なお，この社会教育法第23条の条項に抵触する事業等を行った場合には，社会教育法第40条に停止命令の規定が，さらに第41条には違反した場合の罰則規定が設けられている。

4　社会教育の方法

　学校教育では，文部科学省が定めた学習指導要領に基づき，子どもの成長・発達に合わせて，教えるべき学習内容が精査され，効果的な指導方法も確立され，またその指導は教師によって行われている。しかし，社会教育では，社会教育の内容が多様であることから，確たる方法は確立されていない。以下は，社会教育の現場で実際に取り入れられている一般的な学習方法の例である。

(1)　学級・講座方式

　学級・講座は，参加者の人数をある程度制限し，講師からの話と参加者の話

し合いを交えた学習方法である。公民館で開催される家庭教育学級，高齢者教室，女性教室などがこうした方法で開設されている。

　学級は，受講生が主体となって運営を行い講師はその助言者的な立場で学習が進められるようにアドバイスを行うが，講座では講師が主になり受講生に学習内容を教えていくという方法をとる。いずれも，社会教育や生涯学習の場ではよく使われる学習方法である。

(2)　講演会方式

　この方法は，市民大学，高校・大学などの公開講座などで主に用いられる方法である。講師が，参加者に対して定められたテーマに沿って話をする方法である。大勢の人が参加できる。

(3)　討議方式

　参加者の話し合いを中心に進められる学習方法である。少数の参加者が車座になって話し合う形態から，大勢の参加者を前に代表者が意見を交わしながら，参加者へも問いかけながら内容を高めていく方法などがある。今日，次のような方法が用いられている。

　①　シンポジウム

　　　ある特定のテーマについて意見の異なる，あるいはさまざまな分野の専門知識をもつ講師2～6人と司会者が壇上に並び，司会者の進行により意見を述べる。壇上では基本的に議論は行わず，それぞれの発表が終わったあと，フロアとの間で質疑応答をする。

　②　パネル・ディスカッション

　　　ある特定のテーマについて，意見の異なる，さまざまな分野の，専門的知識・経験をもつ人を討議の代表者として，大勢の聴衆を代弁するようなかたちで論議をする。一人ひとりのパネル・メンバーを「パネリスト」という。シンポジウムに比べて意見のやり取りが活発になる。

③ フォーラム

あるテーマについて，大勢の出席者が参加し意見をたたかわすことができる。

④ バズ・セッション

グループ学習をシステム化した形式で参加者を6人ぐらいの単位に分ける。そのなかで司会者や記録係を決め，全体の司会者から指示されたテーマについて，6～10分程度話し合う。そのあと，各グループから話し合われた内容を全体に報告し，その発表を今度は全体で討議する。参加者一人ひとりが発言でき，活発な討議ができる。

⑤ ラウンドテーブル

円型または口の字型に机を囲んで，平等な立場で全員が発言できるようにする。司会や記録係を互選して進行してもよいが，その場合司会，記録係も発言する。

⑥ ブレーンストーミング

何人かが集まり，ある特定のテーマをめぐって，自由・奔放・活発に意見を出し合い，そこから解決策などを見出していく方法である。創造性開発のための集団思考の技法とされる。

(4) 参加体験型による学習

社会教育の分野では，以前から「参加」や「体験」を通じた学習方法はとられていたが，今日これらのことばが注目されるようになって，改めて見直されてきた。

① ワークショップ

講師から一方的に話を聞くのでなく，参加者が主体的に論議に参加したり，ことばだけでなくからだや心を使って体験したり，相互に刺激しあい学びあう，グループによる学びと創造の方法。

社会教育では，早くから学習方法の一つとして取り入れられてきた。今日

では，地方公共団体が住民との協働でつくる地域づくり・まちづくり計画や，環境教育・国際理解などの教育の場，企業研修などでも利用されている。こうした学習を側面から援助する人をファシリテーターと呼んでいる。

② 青少年の体験活動

現在の子どもたちは，テレビゲームなどを通じて間接的な体験は増加しているが，自分自身の五感を使った直接的な体験活動が不足しているといわれている。そうしたなか，自然環境のなかにある野外活動センター・青少年交流の家・青少年自然の家などの青少年教育施設で取り組まれる自然体験・生活体験・集団体験活動は，青少年の直接的な体験を増やすためにも重要である。そのためにも，こうした青少年を対象とする社会教育施設の再整備は急を要するものであるが，今日地方公共団体の財政縮減などによって，逆に廃止を検討されている状況がある。

(5) 実験・実習型学習

学習者が，実物に触れたり，実際に行動したりしながら，理解を深め，知識・技術を学ぶ方法。博物館活動など，実験器具を使った理科実験学習や，野外での調査・観察などを行うフィールドワーク，また，料理・手芸・工芸・絵画・陶芸等のような技術を習得するための学習がこれである。

(6) メディア活用型学習

原初的な方法としては，郵便により印刷物の送付を行う通信教育がある。大学の通信教育や各種の資格習得のための民間通信教育などがある。また，テレビ放送を利用したり，最近ではインターネットを利用したe-learningなども行われている。

5 社会教育施設の学習集団づくり

(1) 学習集団

　学習を進める場合，同好の士が集まり自主的に学習をすることがある。公民館では，多くのサークルが自主的な学習活動を展開している。こうしたサークルの形成には，公民館が実施した事業の終了後に受講生が自主的にサークルを結成したもの，また公民館主事が助言をしサークル結成されたもの，公民館事業とは関係なく住民が結成したサークルなどがある。

　これらのサークル活動にとって，活動を継続的に行うためには活動拠点をもつことはきわめて重要であり，同時に身近なところに相談や助言が得られる専門職員がいることは，活動を大きく展開し社会とのつながりをもつためにも重要である。

　公民館でサークル活動を行う住民は，気のあった仲間同士が互いに学習をするとともに，その学習を通じて自己の成長を図っている。また，その学習成果を地域社会の形成に還元することによって，地域文化の伝承や新たな地域文化の創造などに役立つものである。

(2) 宇治市公民館でのサークル活動の事例

　京都府宇治市では，5つの公民館を活動拠点とする多くのサークルが継続的な活動を続けているが，そのなかには30数年も活動を継続しているものがいくつもある。

　人形劇団「とらごろう」は，1976（昭和51）年に公民館主催の「人形劇づくり教室」を受講した人たちが，教室終了後にサークルを結成し，以後子どもたちに人形劇の面白さを伝えようと活動を続けている。この間，多くの作品をつくりながら地域の各種団体や行政機関からの依頼があれば，どこへでも出かけ子どもたちに人形劇を見せている。メンバーは結成当時からの人もいれば新たに入って来た人もいるが，互いに力を合わせて活動を継続している。

　宇治民話の会（1983年結成）は，宇治市小倉公民館主催の「ふるさとの民話

を考える講座」を受講した人たちが結成したサークルである。宇治市内をはじめ山城地方に伝わる民話（昔の生活，言い伝えなども含み）を年寄りから話を聞き出し，それを記録し，本としてまとめ，多くの人たちに地域に伝わる話を伝え社会へ還元する活動を30年近く続けている。

このほかに，市内コーラスサークルの先駆けとなった宇治朝霧コーラス（1978年結成），児童文学の研究を通じて母親へ子どもの本の情報を発信し続ける児童文学サークル（1978年結成），市民の各種行事の記録映画作成や子どもたちへの映画会の開催などの活動を行う宇治映画同好会（1976年結成），人形劇ラディシュ（1985年結成）など多くのサークルが20年，30年と地域と結びついた活動を続けている。

全国にある公民館では，こうしたサークルが数多くあり，継続した学習活動とともに地域づくりに力を発揮しているのである。

(3) **ボランティア活動を通じての学習**

今日，各地の博物館や図書館，公民館などの社会教育施設では，学んだことを生かすという視点から，それぞれの施設でのボランティア活動が活用されている（第3章第4節参照）。

第2節　学校教育と地域住民の連携
―― 岡山市岡輝中学校区地域学校協議会 ――

1　学校評議員と学校運営協議会の制度

2001（平成13）年の社会教育法改正や新教育基本法の制定などにみられるように，近年，学校教育，家庭教育，社会教育の役割に応じた分担とそれらの連携協力の必要性が求められている。学校教育においては，自主・自立をめざす学ぶ力を養成することが求められ，将来社会において役に立つ人材の育成がめざされている。家庭を側面から支える役割ももつ必要性もある。

家庭教育においては，ふれあいのなかでなされる愛情教育，男女の平等意識，家族との会話をとおしてもつさまざまな意識である。そして，社会教育においては，職場の人々との関係，職場以外での地域の人々との関係など，さまざまな人々との人間関係が生まれ，他人とのつき合いのなかで，自分が今しなければならないことを学んでいくことになる。

　そうしたなかで，これからの教育の中核である学校教育の改革が，近年の青少年による諸問題の解決にとってきわめて大切であると考えられる。公立学校改革において最近注目されるのが，学校評議員・学校運営協議会（コミュニティ・スクール・地域学校協議会・学校理事会と呼ばれることもある。岡山市では地域学校協議会と称される）制度であり，その導入により，地域住民による学校教育への参画が行われ，こうした取り組みが学校のみならず，地域社会，家庭にも影響を及ぼしている。

　学校評議員，学校運営協議会の導入にあたり，文部科学省の実践研究校としての指定を受け，新しいタイプの学校運営のあり方を模索する研究が，それぞれの学校や地域で行われてきた。学校評議員で2年間，学校運営協議会で3年間，それぞれのテーマで実践研究を行い，その事例研究の経過と結果が報告されている。

　学校評議員制度は，中央教育審議会答申「今後の地方教育行政の在り方について」（1998年）をふまえて，校長がリーダーシップをもって組織的・機動的に学校運営ができるようにしたもので，2000（平成12）年1月21日から施行されている。

　「学校・家庭・地域が連携協力しながら一体となって子どもの健やかな成長を担っていくため，地域に開かれた学校づくりをより一層推進する観点から，学校に，学校評議員を置くことができることとする」こと，また「これにより，学校や地域の実情に応じて，学校運営に関し，保護者や地域住民の意向を把握・反映しながらその協力を得るとともに，学校としての説明責任を果たしていくことができるようにする」ことを趣旨として，学校評議員制度が実施されるよ

うになった。これは，児童生徒の実態や，地域の実情に応じた特色ある教育活動ができるように整備された学校をつくることを目的としたものである。

学校運営協議会は，学校と地域住民をめぐる最近の動向から，1999（平成11）年9月の文部省「『教育立国』を目指して～教育改革プログラム」のなかで，教育改革プログラムの基本的な考え方が示され，一方では内閣総理大臣のもと2000（平成12）年3月に発足した教育改革国民会議で2000（平成12）年12月に「教育を変える十七の提案」として，最終結果がまとめられ，そのなかの，「コミュニティ・スクール」などの提案に基づいている。

この議論を発展させ，地域の学校を「みんなでいい学校をつくる」という発想のもと，学校で「こんな教育をしてもらいたい」「こんな先生に来てもらいたい」という，地域が学校運営に積極的に参画できるという，新しいタイプの公立学校であるコミュニティ・スクールが構想された。

この教育改革国民会議の報告を受け，2001（平成13）年1月に文部科学省「21世紀教育新生プラン」，同年7月内閣府設置の首相諮問機関である総合規制改革会議「重点6分野に関する中間とりまとめ」，2003（平成15）年12月中央教育審議会「今後の学校の管理運営の在り方について」（中間報告），2004（平成16）年3月中央教育審議会答申を経て，同年の通常国会での地方教育行政法の一部改正により，学校運営協議会の設置が実現し，コミュニティ・スクールが法制化された。新しいタイプの公立学校である，コミュニティ・スクール構想について，文部科学省は，新しいタイプの学校の検討に資するための実践研究を行うために，実践研究校を募集した。全国から30件の応募があり，7件9校を実践研究校に指定した。

その主な研究テーマは，次のとおりである。

・学校裁量の拡大（校長公募・校長の意向を尊重した教職員人事・学校による非常勤職員の公募，学校裁量経費の支出，柔軟なカリキュラム編成・教材選定や学級編成などにおける校長の意向尊重）

・推進体制（地域学校協議会…学校運営への参画，教育方針の決定，教育活動の

評価等）
・学校と地域の連携（学校支援コーディネーターの配置・活用）
・外部（地域）人材の活用，地元産業界との連携

2　岡山市における地域学校協議会の活動

　この実践研究校に，岡山市立岡輝中学校区が指定された。岡輝中学校区は，岡山市の中心部岡山市北区に位置し，校区内に，清輝小学校，岡南小学校のほか，清輝保育園，岡南保育園，岡南幼稚園の3園がある。岡山市は，2009（平成21）年4月1日から政令指定都市になり，4つの区（北区・中区・東区・南区）の人口は平成17年国勢調査では約70万人である。岡輝中学校周辺には，住宅街・商店街・各種大型店舗が密集し，学区全体が市街化している。就学援助率も半数に近いといった環境にある。

　このような環境のなかで，一部の児童生徒は，集団や社会規律を無視した行動を起こしたり，さまざまな理由で不登校に陥る者もあった。こうした状況から，清輝保育園，岡南保育園，岡南幼稚園，清輝小学校，岡南小学校，岡輝中学校が共同して，0歳から15歳までの一貫教育をとおして，「地域とともに子どもを育てる学校運営の方法」を研究することとした。

　その方法として，「地域学校協議会」（前述のように岡山市では学校運営協議会をこのように称する）を設置し，地域や保護者が学校運営に参画し，権限と責任を負う，新しいタイプの学校（コミュニティ・スクール）の実践に取り組むこととなった。また，岡輝中学校区で地域学校協議会と一体となって始まった，「シニアスクール」により，子どもたちの安定だけでなく，生涯学習の時代に相応しく，子ども，大人双方のニーズに基づいた取り組みも同時に行っている。

　こうした学校を取り巻く地域は，1998（平成10）年度から岡山東警察署「パイロット地区推進事業」や岡山県教育委員会指定「いきいきスクール推進事業」で，岡輝地区青少年補導協議会を中心としたさまざまなイベントを通じ，学校と地域の交流はすでに始まっており，双方の協力体制も進んでいる。また，

```
〈構　成〉
    6校園長    （6名）
    PTA代表   （4名）
    地域代表   （6名）
    学識経験者 （4名）
    行政関係者 （2名）
    事務局    （1名）
〈職　務〉
    学校園の運営に関する以下のことについて協議する
    ・地域の教育力を高める取組に関すること
    ・学校園の教育力を高める取組に関すること
    ・家庭の教育力を高める取組に関すること
    ・学校園を支援する取組に関すること
    ・学校評価に関すること
```

図4－1　地域学校協議会の運営体制

このような取り組みをとおして，学校や子どもたちに目を向けたことにより，学校と地域の垣根は徐々に低くなっていった。

実践研究の目的は，「地域における生徒指導の機能を生かした新しい学校運営の在り方～子どもたちが愛されていると実感できる学校づくり・地域をめざして～」とし，学校と地域との連携を深め，地域の協力を得ながら子どもの健全育成を図るものである。つまり，これまで培ってきた地域における生徒指導の機能を学校運営に積極的に取り入れ，地域に開かれた学校運営の実現と，地域全体で学校を支える体制づくりを行うことを目的とするものである。

「めざす子ども像」として，次の三つがあげられている。

① 自ら学び自ら考える力（自分を高める子ども）
② 仲間とともに支え合い生活する力を身につける（共に生きる子ども）
③ 社会に貢献する子ども（人の役に立つ子ども）

地域学校協議会の学校園運営についてのコーディネート及び意思決定機関は，図4－1のとおりである。

また，地域学校協議会の設置により，地域内の保・幼・小・中とが連携しながら，子どもや教職員の交流を積極的に行うこと，家庭では，「岡輝版子育て

| 地域の教育力を高める | 学校園の教育力を高める取組 | 家庭の教育力を高める取組 |

| 学校園を支援する取組 | 学校評価 | 学校の裁量権の拡大 |

| 岡輝・清輝シニアスクール（NPO）
○ 子どもたちとの交流
○ コミュニティサポーターの養成 | 情報誌とファンド
○ 学校園を中心にした地域情報誌の発行と人材，資金，教育的価値の流れについての研究 |

図4－2　地域学校協議会と各関係機関

法」の普及に努め，子育ての支援体制を整えること，地域においては，シニアスクールの継続・発展を支援し，地域のもつ力を活用し，地域の一体感を醸成することが可能となる。また，家庭でさまざまな行事に参加できる体制をつくることにより，子どもたちだけでなく，保護者も顔見知りが多くなり，気軽に声かけができる雰囲気をつくるものである。

　さらに，図4－2のような地域学校協議会と各関係機関の機能を生かし，お互いを関連させながら活動することによって，子どもたちの居場所が保障され，周囲から見守られ，自分の行動に自信がもてるようになる。そのことによって，不登校や問題行動，学力不振等の改善をめざしたものである。

　地域学校協議会は不登校への対応を中心とした生徒指導等，学校運営のあり方についての評価・提言を行い，各学校では教職員の人事を教育委員会に要請したり，コミュニティ・サポーター等の地域の人材を生かした非常勤職員を公募し，また，校内での生徒指導や教育相談体制の充実を図り，学区全体の生徒指導を高めることをめざしている。

　また，幼稚園や保育園と連携し，生活習慣の確立をはかり，子どもの自立に向けての取り組みを進め，児童生徒一人ひとりの個性や能力に応じた指導体制を整え，興味や関心に応じたカリキュラムを作成し，子どもたちが真に愛されていると実感できる学校づくり・学校区づくりをとおして，不登校の解消等をめざすものである。推進体制として，地域学校協議会を中心に，家庭・地域社

会・関係機関・学校が横断的に連携し，研究を進めていくものである。

3　教師と生徒の信頼関係づくり

　岡輝中学校区での地域学校協議会の実践は平成14（2002）年度文部科学省の指定によって始まるが，その発端は1998（平成10）年まで遡る。
　当時，岡輝中学校の校長として4年間着任し，現在岡輝学区公民館長・「特定非営利活動（NPO）法人子どもたちと共に学ぶ教室シニアスクール」の副理事長・教務担当である，川上洋一館長に当時の様子についてインタビューした。
　岡輝中学校区は当時荒れていて，生徒指導の困難な大変な時期であった。川上校長自身胃潰瘍になり一時は辞めることを決意したという。川上校長が着任する以前でも，校長2人が病休するに至ったというほどに，生徒指導困難校として知られていた。川上校長が校長在任中の4年間のうち，3年間は前校長と併任であった。生徒の教師に対する暴力行為も頻発し，警察に通報することもたびたびだったという。
　こうした警察への通報は，ただ，生徒に殴られたり，蹴られたりしたことへの対応ではなく，生徒との信頼関係を築く足がかりとして行われたものである。校長が警察への通報を決断するまでは，教師は暴力にじっと耐えて何もしようとしなかった。それどころか，警察への通報に対して教師からの反発もあった。これでは，3年かけて生徒との信頼関係をつくろうとしていたことに亀裂が入ってしまう，という理由からであったが，校長は，暴力を起こした生徒に対する信頼は，ただ黙って見ているだけでは築いていけるものではないと考えた。どんな理由であるにせよ暴力を認めるわけにはいかない。校内で暴力を起こすだけでなく，地域社会に迷惑をかけることになるからである。こうして，警察への通報を押しとおした。
　こうした荒れた学校を改善するために，地域やPTAに協力してもらって学校改革をすることになった。そのなかでも，一番協力的だったのが，PTAの会長であった。これがきっかけで，岡輝での地域学校協議会の結成の場が切り

開かれたのである。

　地域やPTAの協力に関しては，実際には教育委員会も協力をおしまなかったが，地域やPTAからも学校改革の進言が出され，子どもたちからもさまざまな提案が出されるようになった。

　たとえば，子どもたちからは，岡輝中学校のイメージを払拭するために，校名や制服を変えたらといった意見が出された。しかし，これについてはさまざまな問題が生じるため断念せざるをえなかった。校長自身，学校を変えるための案をいろいろ出し，教頭，PTA会長，教育委員会の協力も得て，改革をしている学校を知ると，全国各地の学校に視察に行った。

　そのような方法の一つとして，「開かれた学校づくり」のために，クラリネット奏者やアカペラ歌手を学校に呼び，地域の住民を招待したり，ロシアバレエを市民会館（学校には来てもらうことができないため，市民会館で岡輝学区のための席を確保した）に見学に行ったり，また，校内に花を植えたり，暴力を起こす生徒の担任は原則として3年間面倒を見る，といった対策をとった。そのほか，土曜日に講座を開き，現場体験として兵庫県尼崎市に行ったりもした。

　また，中学校区内の小学校では，基礎的な学力や生活力をつけるための新しい取り組みとして，算数でつまずきやすい九九を，子どもたちが進んで覚えられるように，ゲーム感覚の手法を取り入れた。こうした小学校での努力の結果，不登校がゼロになり，中学校に入学すると，生徒の問題行動は徐々に減ることとなった。

4　シニアスクールと学校園の運営

　大きな転機となったのは，1998（平成10）年から相次いで警察や県教育委員会の研究校に指定されたことであった。そして，このことにより，多くの地域住民が学校に出入りするようになり，荒れていた学校が徐々に落ち着いていった。そこで川上校長が気づいたのは，生徒にとって学校の教師は信頼できる人も多いが，やはり教師は生徒を評価するといった利害関係が生じてくる。しか

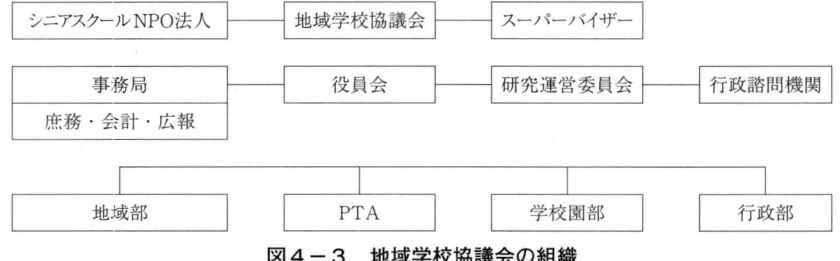

```
┌─────────────────┐   ┌──────────────┐   ┌────────────┐
│シニアスクールNPO法人│───│地域学校協議会│───│スーパーバイザー│
└─────────────────┘   └──────────────┘   └────────────┘
    ┌──────────┐      ┌────────┐    ┌──────────────┐   ┌──────────────┐
    │  事務局   │──────│ 役員会 │────│研究運営委員会│───│行政諮問機関  │
    │庶務・会計・広報│  └────────┘    └──────────────┘   └──────────────┘
    └──────────┘          │
              ┌───────────┼───────────┬───────────┐
          ┌───────┐   ┌───────┐   ┌───────┐   ┌───────┐
          │ 地域部 │   │ PTA  │   │学校園部│   │ 行政部 │
          └───────┘   └───────┘   └───────┘   └───────┘
```

図4−3　地域学校協議会の組織

し，地域住民は生徒にとって安心してかかわることができることから，なるべく長く地域住民に学校内に居てもらえるようにすることが必要であると考えたのである。

　しかし，地域住民にとって学校とは敷居の高い場所であり，何かの用事がない限りなかなか学校内に入ることができないと感じている。そこで，地域の人のなかでも比較的時間にゆとりがある高齢者に学校に来てもらって，一緒に勉強してもらってはどうだろうかと考えた。

　これが，実際に平成15（2003）年度から始まる「特定非営利活動（NPO）法人子どもたちと共に学ぶ教室シニアスクール」につながった。このシニアスクールは，子どもたちへの対応のみならず，子ども，大人双方のニーズを生かした取り組みをめざしている。岡輝学区での「地域学校協議会」の組織は，図4−3のとおりである。

　こうして，2002年度から研究指定校になった。岡輝学区での地域学校協議会は，学校の管理・運営に関する最高の意思決定機関とし，次の5つの権限をもつこととした。

　①　教育課程に関すること
　②　学校予算に関すること
　③　学校支援活動に関すること
　④　地域活動に関すること

⑤　校長及び教職員並びに地域人材の公募に関すること

構成員は，学校代表，地域代表，保護者代表，行政関係者，学識経験者で構成し，代表者は推薦及び公募により決定，構成員は岡山市教育委員会の委嘱を受ける。

また，地域学校協議会には，さらに次の6つの部会をおいた。

① 学校部会…一貫教育に関する教育課程，学校予算，学校自己評価を明らかにして説明責任を果たすとともに地域学校協議会の協議事項とする
② 地域部会…地域の具体的活動の推進のための委員会を組織し，地域活動の自立と組織化を図り，もって地域活動と学校園のパイプ役を果たし，開かれた学校づくりを推進する
③ PTA部会…家庭教育を中心に保護者のネットワーク化を図り，子育て支援に資するとともに学校園との協力関係を構築する
④ 学校支援部会…学力支援や子育て，生徒指導，教育相談等の機能を組織的に発揮できる活動を推進し，子どもや保護者の個々のニーズに対応できるネットワークをつくるとともにさまざまな分野でのボランティア活動を計画し，学校運営を支援する
⑤ 財務部会…地域学校協議会の会計を執行するとともに，コミュニティファンドについて研究し，地域学校協議会が財政的にも独立し，自立できる基盤をつくる
⑥ 広報部会…定期的に地域に情報発信するとともに広報活動について研究し，地域の声を集約して学校運営に生かしたり，地域の学校に対する意識化を図る

こうした部会の活動を通し，地域学校協議会が学校教育に参画し，地域と学校のパイプ役を果たし，公民館活動と連動して保護者や地域住民が地域の子どもたちの教育に力を発揮できるような学校運営を実践することで，コミュニティ・スクールの一形態として提案された。

具体的な取り組みとしては次の三つに分かれる。①学校園の取り組み，②地

域の取り組み，③家庭の取り組みである。

　第1に，学校園は，自ら学ぶ力と学び方を身につけ，学び合い，学び続ける子どもの育成を担うもので，具体的には，保幼小中一貫教育の推進，基礎学力の向上，楽しい学校園の行事や活動の工夫，不登校園児・児童・生徒への積極的対応，開かれた学校づくり，校園長と教育委員会との連携の拡充を行うものである。

　つぎに，地域の取り組みは，自立した地域活動を通して，学校とのパイプ役を担い，「地域に開かれた学校」づくりに資するもので，具体的には，次の内容を行うものである。

- 地域活動委員会での，サークル活動，地域行事，子育て支援の拡充
  シニアスクール委員会で，小中学校にシニアスクール開設の企画・立案
- 学校支援部会での，学力支援，不登校・問題行動対策，子育て支援などの支援活動の企画・立案
- コミュニティ・サポーター委員会での，保育園・幼稚園の子育て支援，小学校の学力補充
- 地域支援ネットワーク委員会での，関係諸機関との連携，子育てネットワークの拡大と充実，学校教育にボランティアとして登録・参加してもらうなどの取り組み

　最後に，家庭の取り組みとしては，PTA活動を中心に据え，保護者のネットワークをつくり，家庭の教育力の底上げや子育て支援の活動を担うもので，具体的には，学校行事への積極的参加，PTA主体行事の充実，PTA主催の講演会・研修会の計画を行うものである。

5　シニアスクールの実施状況

　岡輝中学校区での地域学校協議会の実践研究校としての取り組みのもとになっているものは，荒れた学校を立て直すために，地域の高齢者に学校に来て授業を受けてもらうことをメインにした「シニアスクール構想」であり，このシ

ニアスクールと地域学校協議会とを結びつけ，学校，地域の双方が充実するための方法として取り上げられたものである。

その後，2002年度から3年間の計画で岡輝中学校区は，文部科学省の「新しいタイプの学校運営の在り方に関する実践研究校」の7件9校の一つに選ばれ，シニアスクールをメインに実践研究を進めていくことになり，2003年度から，岡輝中学校に通って授業を受けるというユニークな発想である「シニアスクール」を開校した。シニアスクールの公募は，地域に住む60歳以上の高齢者を30名の定員で自力で通学が可能なことを条件に行った。

最初の申し込みは36人であったが，そのなかの31人でスタートした。授業は月・水・金の週3日で，午前8時50分から午後2時25分までで，5校時に区切られ，国語・英語・社会・理科・保健体育の5科目であった。数学が入らなかった理由は，個人によってかなりの差があるということからであった。

そのほか，午後にあてられていた「学活」の時間では，地域住民の講師のもとで，各自の研究が内容となっている。この地域の講師は一般公募により，元教員や教師志望者，主婦，会社員が無償のボランティアとして登録し，授業を行うシステムである。シニアスクールは，2004年度には清輝小学校においても開校することになった。授業時間は，火・木の週2日となり，岡輝中学校との2校で進めることとなり，授業料は岡輝中学校が4万円，清輝小学校が3万円と決められた。

その後，2005年度から，「特定非営利活動（NPO）法人子どもたちと共に学ぶ教室シニアスクール」として，授業日時は前年までと同様に，岡輝中学校が週3日，清輝小学校が週2日で，それぞれ午前中4時限（2科目）と午後1時限行っており，昼食は児童・生徒と同じ給食を食べた。昼食については，基本的には別の教室でとることになっているが，ときには一緒の教室で味わうこともある。

授業料も前年までと変わらず，岡輝中学校が4万円，清輝小学校が3万円で，給食費，研修旅行費は実費となった。授業はこれまでと同様，ボランティア講

師がそれぞれ専門の教科を担当し、中学校程度の国語・英語・社会・理科・美術・音楽・体育の7教科とその他特別講義である。受講者は両方の教室併せて40名程で、60歳から80歳が受講している。授業を受けている高齢者からは、ボランティア講師はみんな本当にすばらしく、授業もわかりやすいといった意見が多く、皆さん一生懸命に受講をしている。授業以外でも、希望者を募って旅行に出かけたりもしているという。

6　成果と課題

こうしたシニアスクール受講生への児童生徒の反応は、自分から積極的に高齢者に話しかけたり、朝の登校の時間には教師とシニアスクール受講生が一緒に校門に立ち「おはよう」のあいさつをするなどの行動が、子どもたちにも浸透してきている。

教師からは、「子どもたちが多くの人の目にふれることになり、安全の確保ができるようになった」「学校の雰囲気が和らいだ」「規則正しい生活ができるようになった」といった意見がでて、子どもたちの心の安定にとってシニアスクールの存在は大きいといえる。こうしたことから、シニアスクールに通う高齢者の多くは、何年も通学している人もいるという。

シニアスクールが始まったことにより、休み時間には子どもと高齢者の世代を越えた交流が進められることになった。その後、シニアスクールは、平成19(2007)年度になると、岡南小学校でも週1日ではあるが開始されるようになり、24名の受講者が集まった。岡南小学校だけがシニアスクールをしていなかったのは、受講する教室の確保ができなかったことが最大の理由であったが、岡南小学校だけがやっていなかったことへの責任を感じ、実施することとなった。

シニアスクール受講生は、一人ひとりが自分たちは「生徒」であると同時に、地域の「先生」であるといった自覚をもったとらえ方をしている。そのため、子どもたちに戦争体験を話したり、自分たちが子どものころの生活や命の大切さを子どもたちに伝えている。子どもたちも熱心に年寄りの話に耳を傾けるよ

うになった。このように，シニアスクールの開講によって世代間交流と地域に密着した学校づくりが前進しており，学校運営のあり方として一応の評価を得ているといえる。

　岡輝中学校区「新しいタイプの学校運営の在り方に関する実践研究」の成果と課題は，以下のように整理することができる。

(1) 学校と地域の連携について

① 「シニアスクール」の立ち上げ，NPO法人化については，シニアスクールの実践が軌道に乗り，高齢者の学ぶ姿勢や，高齢者と小中学校とのふれあいが，子どもたち，高齢者，教職員にとって一定の成果となり，NPO法人化されたことにより，継続体制ができたこと。しかし，講師等のスタッフの確保や必要経費の支援等の課題が残っていること。

② 「児童・生徒支援ネットワーク会議」については，児童虐待や長期の不登校など学校だけでは対応が困難なケースについて会議を開き，会議をとおして地域民生委員など地域団体との連携が深まっていったが，情報の管理や人材の確保が課題となったこと。

③ コミュニティ誌「ちくたく」を利用した家庭への効果的な啓発活動については，地域情報紙「ちくたく」の発行は，保護者や地域住民の評判も高いので，これを利用して地域の商店や企業にも連携したものとしたいこと。

(2) 学校の裁量権の拡大に関する取り組みについて

① 「地域学校協議会」の設置と学校運営への参画については，各学校園の実態の的確な把握や，経営方針・事業内容については十分に議論でき，また，シニアスクールをはじめとして，地域ニーズを反映した様々な取組を企画・検討・実践することもできたこと。しかし，子どもに寄り添った視点からの提案がでにくい状況であること。

② 人事の要望や公募については，6校園の教職員人事について，地域学校

協議会の要望書を岡山市教育委員会及び保健福祉局に提出したこと。しかし，人事に関することへのかかわりはむずかしいこと。
③　学校予算にかかわる研究，予算運用にかかわる学校園間連携については，学校配当予算について地域学校協議会で検討でき，予算の有効な立て方の研修や効率的な運用が中学校区で動きはじめていること。
④　教育課程の検討，学校園間の連携については，保・幼・小・中の相互参観を実施し，お互いの特性や課題について検討・評価ができたこと。また，算数・数学科で教材研究や授業研究を行うなど，小中の教科連携も進んだこと。しかし，岡輝学区最大の課題である基礎学力の定着について，さらに研究する必要があること，総合的な学習の時間など，教科・領域全体から見ると連携はまだ不十分であること。

(3)　そのほかの取り組み
①　コミュニティ・サポーターの配置と活動の充実については，小学校に「学力支援サポーター」を配置し，別室登校の児童等，支援を必要とする子どもへの学習支援を進めたこと。その結果，教室へ復帰したり，不登校傾向が少なくなったこと。また，保育園・幼稚園に「保育サポーター」を配置し，保育支援や保護者の相談相手としてのかかわりを行ったこと。しかし，研究指定後にボランティアへの移行など，予算がないので支援体制づくりが課題となっていること。
②　「岡輝版子育て法」の活用による一貫教育の研究については，生活習慣及び学習習慣の確立に向けて，子育てについてまとめた冊子を作成・改訂して全戸に配布したこと。
③　学校園の施設整備への支援体制づくりとして，保・幼のフェンス撤去（岡南保・幼），ビオトープづくり（岡南小），校庭の芝生化（清輝小）をとおして，地域の人的パワーの結集ができたこと。
④　コミュニティ・スクールへの移行としては，岡輝学区の研究は，岡山市

の進める「地域協働学校づくり事業」のモデルとなり，体制づくりはできつつあること，人事・予算面を含めて継続の努力と知恵が必要であること。

第3節　地域福祉と社会教育

1　生活課題の学習
(1)　社会教育における学習機会

　社会教育が制度として整備されさまざまな事業が展開されても，実のところ，教育の機会に恵まれない人々は現代も存在し社会的な問題となっている。学習への動機づけは，問題解決への意識をもつことから始まる。社会教育事業への参加は学習者自身の自由と自発性を元にした学習ニードを原点としているため，問題意識をもつ余裕すらない生活環境にある人には，問題が何かすらわからないまま，そして学習機会に気づかないまま，日常を過ごしているのが現状であるとも考えられる。

　そしてこれら生活の問題は，労働，福祉，医療，教育それぞれ固有のものだけではない。個人がおかれている環境も家庭，地域，組織，社会などが相互に影響を与え合いながら密接に関連して，さらに問題を複雑化させている。領域をまたがり相互作用のあることが，生活問題の所在は何なのか，ということをあいまいに映す原因でもある。

　社会教育の学習課題は，生活課題が中心である。生活問題学習，地域問題学習など，住民が日常生活のなかで解決したい，解決しなければならない問題に関して，どのようにすればそれが実現するのかというニードによってそのための学習が展開されてきた。

　1967（昭和42）年から12年間にわたって京都府教育委員会が実施した「ろばた懇談会」などに代表されるように，小地域をベースに住民が行政とともに地域の課題について対話し考え合う機会は，問題の背景，原因，条件をとらえなおし，住民の問題の意識化と解決への取り組みを産んだ。そして同様の学習機

会の提供は，全国の社会教育施設とくに公民館を中心に主催事業として，住民との協働事業として，もしくは住民の自主的な学習活動として現在も取り組まれている。

(2) 教育と福祉のはざまの問題

　学習活動により問題が明らかになるとしても，学習だけで解決が図られるものばかりではない。生活の問題はいかに解決されるかにゴールがあり，解決には当事者である住民による改善への動機づけと生活変容への行動が必要であり，さらには社会的な制度やサービスの実現が必要となるものもある。しかし，一方で社会的な制度やサービスは，行政の仕組み上領域ごと，つまり労働，福祉，医療，教育などの分野別に展開されており，そのはざまにまたがる人や問題は置き去りにされているのが現状である。

　1960年代半ばに展開された教育福祉論でそのことを初めに取り上げた小川利夫は，教育と福祉の谷間にある問題を「教育福祉」問題とし，人間の「抑圧」と「解放」にかかわる諸問題，つまり人が生活を営むうえで基本的な重要な問題であるとした（小川利夫『教育福祉の基本問題』1985年，『小川利夫社会教育論集第5巻』1994年）。そして，それはさらに経済的貧困を主とした「貧困」，人格的な「差別」，心身の発達障害を意味する「障害」の三つの主要な問題に大別されるとした。

　このような生活に困難をかかえる人々は長く福祉サービスの対象とされ，困難解消に向けての施策がなされてきた。しかし，問題は複合的に存在しているし，ある一定の基準を満たせば本当に問題が解決していなくとも福祉サービスの対象から外されてしまう。その点，社会教育はフィールドの広さがあり，すべての人を対象者としている。福祉サービスから外れていても，なんらかの困難をかかえていることに変わりはない人に対して，学習を軸としながらさまざまな機会を提供することができるのである。困難こそがその人にとっての生活課題であり，学習ニードとして存在するのである。そしてそれは個人のものだ

けでなく，その個人が生活を営む場，つまり地域の課題として存在しているのである。

2 地域福祉とは何か
(1) 地域福祉の歴史的展開

　日本において現在の社会福祉が扱う事象は，生活問題，とりわけ貧困問題を中心にその時代の社会背景，価値を映しながら取り組みがなされてきた。古くは奈良時代から現代に至るまで，支援が必要な人に対して篤志家による私的な慈善事業を中心に養護の事業がなされてきた。社会福祉の概念自体は，1601年イギリスでのエリザベス救貧法成立以来欧米で発展してきたが，日本ではそれらの影響を受け，戦後ようやく確立したものである。

　幕末から明治期には，農村地帯などでみられた「講」「もやい」「結い」「こうろく」などの相互扶助活動によって，家庭の問題は家族や親族などの基本的な小規模集団で解決するということが主流であった。明治・大正期・戦前の昭和期には，欧米の影響によって慈善事業や隣保事業が活発となったが，生活問題や貧困問題が国家の責任であるという点については未確立であった。

　民間社会事業として片山潜のキングスレー館設立（1897年）から始まるセツルメント活動，ついで隣保館が公設されるようになるなど，地域社会に住み込み問題解決を図ることにより，家族や同族の個人単位の扶助から地域社会を基盤とした支援体制を整備するという視点が広がり始めた。活動の内容として具体的には，就労児童のための夜間学校，託児所・託老所の機能や内職の斡旋などの事業があり，地域社会の問題はその地域社会で解決を図るという地域福祉の理念の基本が活動として展開された。

　戦後は，混乱する社会の再整備のなかで，社会福祉の理論化と実践が欧米の理論の積極的な導入のもと，急速に進展した。1950年代には社会事業の本質を資本主義の産物ととらえ，社会政策を補充するのが社会事業であるとした孝橋正一の政策論，社会福祉を憲法第25条の生存権を保障するための施策として位

置づけた小川政亮の生存権保障論などが打ち出され，法律や制度の確立と1950年代後半，技術論，固有論の展開とともに，福祉の問題とその対処は社会全体の問題であり，取り組まれなければならないこととして，日本の社会のなかに位置づいたのである。

1960年代後半には一番ヶ瀬康子が社会福祉を「生活権保障の制度・政策」「人権保障の社会的実践」として，その対象を「生活問題（生活要求）」として規定し，社会福祉運動論を展開した。しかしながら，社会福祉の分野とされる生活問題への対処は，個人もしくは家庭の経済的な自立困難，生活技術能力の低さを軸に各種給付や施設入所などの具体的サービスの提供が行われたため，特定の人々の問題であり，少数の人の問題としてとらえられてきた。そのなかで地域福祉は具体的なサービスの提供を伴わない目的概念要素が強かったために，法律や行政上での位置づけがされにくく，共同募金や社会福祉協議会による活動が地域福祉を意味するとされてきた。

しかし，1970年代からイギリスで始まったコミュニティケア，つまりニーズをもつ人々が地域社会のなかでほかの市民と同じ自立生活を送れるように支援しようとする考え方が導入された。日本は急速な社会の高齢化を迎えるにあたり，施設収容型の社会福祉サービスから通所・訪問型福祉サービスへと移行しはじめ，それとともに実体中心であった地域福祉の理論化と位置づけも急速に進んだのである。

(2) 地域福祉の定義

1970年代以降の地域福祉についてのいくつかの定義を紹介しておく。最も早く着手した岡村重夫は，地域福祉を①最も直接的具体的援助活動としてのコミュニティケア，②コミュニティケアを可能にするための前提条件づくりとしての一般組織化活動と地域活動，③予防的社会福祉，の３者によって構成されると，コミュニティの主体性を重視した定義で示した（岡村重夫『地域福祉論』1974年）。

右田紀久恵は「生活権と生活圏を基盤とする一定の社会において，経済社会条件に規定されて，地域住民が担わされてきた生活問題を，生活原則・権利原則・住民主体原則に立脚して，軽減除去し，または発生を予防し，労働者，地域住民の生活全般に関わる水準を保障し，より高めるための社会的施策と方法の総体」（右田紀久恵・住谷馨編『現代の地域福祉』1973年）であると定義し，地域福祉が活動を中心とした社会福祉事業として考えられていたところを政策・制度としてとらえた。

　永田幹夫は，「地域福祉とは，社会福祉サービスを必要とする個人・家族の自立を地域社会の場において図ることを目的とし，それを可能とする地域社会の統合化および生活基盤形成に必要な生活・居住条件整備のための環境改善サービスの開発，対人的福祉サービス体系の創設，改善，動因，運用，およびこれらの実現のためにすすめる組織化活動の総体をいう」と定義し，構成要素として，①在宅福祉サービス，②環境改善サービス，③組織化活動をあげている（永田幹夫『改訂地域福祉論』1993年）。永田理論は，地域福祉イコール在宅福祉的であるといわれるが，地域におけるサービスの供給システムと在宅サービスの地域展開を鮮明化したことで評価されている。

　また，大橋謙策は，「『地域福祉とは，自立生活が困難な個人や家族が，地域において自立生活できるようネットワークをつくり，必要なサービスを総合的に提供することであり，そのために必要な物理的，精神的環境醸成を図るため，社会資源の活用，社会福祉制度の確立，福祉教育の展開を総合的に行う活動』である」と定義した（大橋謙策『地域福祉論』1999年）。大橋理論は，サービスや制度をつくり上げる主体として住民を位置づけ，その主体形成と参加のために「福祉教育の展開」の必要性を述べた点で独自性がある。現代はこれら四つの理論的要件の統合として，地域福祉が構成されている。

　地域福祉の基本理念には，高齢者，障害者など誰もが地域社会のなかで対等，平等に生活することをめざすノーマライゼーションの理念がある。さらに，高齢者や障害者が地域住民や一般市民の社会的活動から隔絶されないように，法

的・物理的・精神的障壁を取り払い，ともに市民生活を営むための共生の原理である「統合化（インテグレーション）」を実現するためには，住民参加と住民の主体形成が重要な前提条件となる。

近年の社会変化のなかで，ホームレス問題や児童虐待などの新たな社会問題の顕在化に対して，ソーシャル・インクルージョン（社会的包摂）という考え方が新たに提起された。これは，社会から排除され，孤立化されている人々を社会がその一員として包摂し，自立生活を支援することを意味している。2000（平成12）年に制定された社会福祉法では，第4条に「地域住民，社会福祉を目的とする事業を経営する者及び社会福祉に関する活動を行う者は，相互に協力し，福祉サービスを必要とする地域住民が地域社会を構成する一員として日常生活を営み，社会，経済，文化その他あらゆる分野の活動に参加する機会が与えられるように，地域福祉の推進に努めなければならない」と明示されており，地域福祉の増進に際しこの理念を実践しなければならないのである。

3　生涯学習政策のなかの地域福祉
(1)　現代的課題

1990年代半ばのバブル経済崩壊以降，国民の社会に対する不安，生活についての不安は増大する一方である。政治や経済の不安定は景気の悪化，物価の高騰を招き，雇用・労働問題を深刻化させている。高度経済成長期からの中流意識の崩壊から，都市部を中心として一部の富裕層と貧困層に分断された格差社会を生み出したことは周知の事実である。この「格差」の問題は，経済から労働，福祉，医療，教育等の問題に広がり，都市部と農村部における地域間の格差とも複雑に絡み合っている。これは，国民の生活に大きく影響を及ぼしており，現代の日本社会は，犯罪の増加も伴い，安心・安全に暮らせなくなっているといっても過言ではないであろう。

また，わが国は1970（昭和45）年に老年人口（65歳以上人口）が7％を超える「高齢化社会」となってから，1994（平成6）年には14％を超える「高齢社会」

表4-1　65歳以上人口の高齢化速度の国際比較

国　名	7％到達年次	14％到達年次	所要年数
日　本	1970年	1994年	24年
アメリカ	1945年	2014年	69年
イギリス	1930年	1976年	46年
ド イ ツ	1930年	1972年	42年
フランス	1865年	1979年	114年
スウェーデン	1890年	1972年	82年

出所：福祉士養成講座編集委員会編『新版社会福祉士養成講座2　老人福祉論　第5版』

になった。表4-1に示すように，高齢化のスピードは他国に例を見ないほど速い。これは，医療技術の発達，生活の変化などによる平均寿命の伸長と同時に，出生率の低下による少子化が進んだことが原因であるが，そのため，この状況に対応する社会的・経済的システムを急速に整備する必要があった。2000（平成12）年に社会福祉基礎構造改革が行われたが，「少子高齢社会」はますます進み，2007（平成19）年には老年人口が21％を超える「少子超高齢社会」の時代を迎えている。

　少子化は，社会を現役で支える労働力人口の減少と公的年金制度の揺らぎを示し，さらに国民の将来への不安を後押ししている。人口構成の歪みとともに，家族形態，世帯構成も変化している。一人暮らしの高齢者は増加傾向にあり，高齢男性の10人に1人，高齢女性の5人に1人が一人暮らしとなっている（表4-2）。このことは高齢者の生活支援，つまり介護の問題を深刻化させている。高齢者の介護はプライベートなものとして，従来の日本社会においてそのほとんどを同居家族が担ってきたが，社会変化とともに家族だけでは担いきれないものになり，老老介護や高齢者虐待などの問題を引き起こしている。

　介護保険制度が2000（平成12）年に導入され，現在は社会全体で担うべく制度の拡充が図られているが，増大する医療費，公的制度の経費負担の財源問題や，制度実施の担い手，すなわち介護従事者の育成など，その需要が高まるに

表4-2　男女別「一人暮らし高齢者」数の全国推移

単位：千人，（　）は％

区　分		平成7年度	平成12年度	平成17年度
65歳以上高齢者		18,261	22,005	26,820
一人暮らし高齢者	計	2,202（12.1）	3,032（13.8）	4,047（15.1）
	男	460（6.1）	742（8.0）	1,127（9.9）
	女	1,742（16.2）	2,290（17.9）	2,921（18.9）

出所：総務省統計局国勢調査より

つけ，新たな課題が年々発生し，制度は数年単位で変革を余儀なくされている。

　福祉の問題は高齢者問題だけではない。家族形態，世帯構成の変化は，その集まりである地域コミュニティに大きな影響を与えている。地域活動の担い手に若い人が少なくなったり，地域のなかでの世代間の交流が図られにくかったり，いわゆる「地域力」と呼ばれるものの一層の低下を助長している。

　1992（平成4）年の生涯学習審議会答申「今後の社会の動向に対応した生涯学習の振興方策について」では「現代的課題」として，生命，健康，人権，家庭・家族，地域の連帯，まちづくり，高齢社会，男女共同参画型社会，情報活用，国際貢献など，19項目が提起されているが，その多くが今日的な地域福祉の課題と関連している。

(2) 地域問題の学習活動の場としての公民館

　公民館は，地域の人々の身近な社会教育施設として存在している。公民館は1946（昭和21）年の文部次官通牒で設置が提唱され，そのなかでは公民館を「全国の各町村に設置せられ此処に常時に町村民が打ち集つて談論し読書し，生活上，産業上の指導を受け，お互いの交友を深める場所」として構想されていた。それと同じように，そこでは「現代的課題」にあげられているさまざまな課題に関する学習活動が，住民の自発的な意思のもとに展開されている。知的障害者の余暇活動，学習支援活動や，高齢者の学習活動を進める高齢者大学や会食

サービス，介護予防事業，女性問題学習や子育てサロン，外国人のための生活・日本語講座，まちづくりのための学習，それに伴うさまざまなボランティア活動などがその例であろう。

　また，1985（昭和60）年に出されたユネスコ国際成人教育会議による「学習権宣言」は，すべての人間の生存にとって不可欠なもの，基本的人権として学習を位置づけた。この宣言により，社会的に不利な立場や条件にある人に対する生涯学習，社会教育のあり方も問い直されることになった。公教育としての社会教育は，学習機会を活用しない，活用できない人々の関心を的確にとらえ，参加を阻害している要因を取り除くことに対しても最大限の努力を払う必要があると認識されはじめたのである。

　社会的に不利な立場や条件にある人たちは，従来福祉サービスが対象とする人たち，もしくはそれに準ずる人たちであり，生活になんらかの困難をもつ人たちである。つまり，社会福祉分野でいわれる「ソーシャル・インクルージョン（社会的包摂）」と基本的な考え方は同じであり，福祉と教育の連動性が見られるのである。その意味で，困難をかかえるその人自身，もしくはその人たちをとりまく周囲の人たちの問題の意識化，そして問題解決力の形成の場として，公民館は地域福祉の一つの拠点として大きな役割を果たしている施設であるといえる。

　学習内容や学習方法とともに，そのことを実際に展開する「場」や「空間」がもつ意味は大きい。場の保障は，活動の保障にもつながるからである。地域に密着した社会教育施設は，住民の生活における重要な社会資源の一つである。逆にいえば，社会資源は，住民の生活を支えるもので，縦割り行政の弊害による分野ごとの分断があってはならないのである。そのためには，真に開かれたものとして分野を超えたネットワークを構築することで，生涯にわたっての学習活動や地域福祉増進に寄与することができると考えられる。

4　教育と福祉の有機的連携
(1)　住民参加と福祉教育

　生活問題と地域福祉問題がとくに密接に絡み合う現代において，地域福祉をどのように展開していくかについての地域福祉計画と，地域の生涯学習をどのように進めていくかについての社会教育・生涯学習計画は，視点がちがえども大きな課題としてあげられるものに共通点が多くみられる。高齢者・障害者の生活支援，子ども・青年の成長発達支援，地域の連帯力の向上など，これらを総合してノーマライゼーションの思想を具現化する「福祉のまちづくり」が全国で進められている。

　そして，両計画ともその策定には住民の参加があり，策定のプロセスが問題への気づきと共有，問題解決への協議，解決行動へとつなげるプロセスをもっている。策定への参加は，そのものが学習活動となっており，自治能力を形成していく学習機会でもある。地域課題の解決は，自分が地域をつくる一員であるという意識をもつ主体形成と，さまざまな人々の自己主張と参加により果たされるものである。

　その前提として，主体形成には福祉教育が必要となる。福祉教育の目的は「ノーマライゼーション思想の具現化をめざし，そのために国民が社会福祉問題への関心と理解を深め，その日常化，感覚化を図ることにある」。つまり，福祉教育は単に福祉問題を知るだけでなく，社会に所属する一構成員としての自覚，問題発見力，解決力の養成をも意味しているのである。1996（平成8）年中央教育審議会答申「21世紀を展望した我が国の教育の在り方について」は，子どもたちに「生きる力」を育むことが必要であると提言されている。この「生きる力」を育むには，まさに福祉教育が必要であるといえる。そして，これは子どもだけでなく，すべての住民にいえることである。なぜなら「教育的なサービスが社会福祉サービス利用者の生活力を向上させ，社会福祉サービスの活用を促進し，効果的な成果を得るにたる主要な機能をもっている」（宮島敏「地域福祉と公民館活動の連けいをさぐる意味」1986年）からである。

(2) 教育と福祉のネットワーク

　古くから，社会教育施設で福祉事業，福祉に関する教育・学習活動が行われたり，問題発見学習や参加型学習などの学習方法が社会福祉で取り入れられている。しかし，個人の支援を考えたとき，その人に対するサービスは，教育，福祉，労働などといった分野で分断され，サービス提供者間の連携がどれほどなされているかという点において疑問が残る。

　例として，東京都Ｉ市でのエピソードを紹介しよう。市の障害者福祉課担当職員が就労支援連絡会を開催した際，以下の現実に気づいたという。

・団体間，当事者間の交流があまりない
・団体での取り組みが，共有化されていない
・連携といいながら，連絡会で同席する程度に留まっている
・市内の社会資源の存在は知っていても，担当職員間でさえ実態を知るに至っていない

市町村の現状として，Ｉ市に限ったことではないであろうし，障害のある人への支援に限ったことではないであろうと予測できる。地域住民の自立生活を支援するためには，持続可能な実態のあるネットワークづくりが急務である。

(3) 専門職の協働と援助技術の必要性

　教育・学習活動のコーディネート，ネットワークづくりには，これにかかわる専門職の働きが大きな鍵を握っている。社会教育の分野においては，社会教育主事をはじめとする社会教育専門職員，社会福祉の分野においては，ソーシャルワーカーがその役割を担っている。

　社会福祉分野では援助技術が体系化されており，地域援助を行うソーシャルワーカーは，「地域の生活問題の解決や福祉コミュニティ形成などを目的として，コミュニティワークという専門技術を用いて，住民，家族，集団，組織との協働活動のなかで支援を行うソーシャルワーカー」（『新版地域福祉事典』2006年）である。実際には，コミュニケーション技術を含む対人援助技術（個別援助，

集団援助，地域援助の各技術）をもって，直接的にまたは間接的に住民を支援するのである。

イギリスではコミュニティワーカーという専門職として地位が確立されているが，日本においては専門的資格制度が存在していない。しかし，地域住民の地域福祉活動・学習活動を支援し，地域の資源の連絡・調整，開発などを行うために，地域住民にかかわる専門職はコミュニティワークの技術を学ぶことが必要である。臨機応変にそして総合的に分野を超え有機的連携を図ること，そして情報を収集，集約し発信しなおすことが，地域の相互理解，地域福祉の増進，地域社会教育活動の促進につながるのである。

第4節　NPOと社会教育関係団体

1　社会教育法と社会教育関係団体

日本の社会教育は伝統的に団体に依存することが多かった。このような日本社会教育の歴史的特質として，碓井正久は，官府的民衆教化性，非施設・団体中心性，農村地域性，青年中心性と整理している（「社会教育の概念」1961年，他）。施設の設置でなく，青年団，婦人会等の地域団体の育成指導が中心をなしていたというのである。この伝統が戦後も継承されて，1946（昭和21）年9月には戦後1カ月余にして，「青少年団体の設置並びに育成に関する件」が出される。

その後婦人会，新学制発足とともにPTAも組織され，戦後社会教育関係団体の典型が出揃うことになる。ほぼ同じ頃に設置されはじめた公民館は，青年団・婦人会の手を借りてのまちづくり・むらづくりのためのものであった。

憲法制定は，社会教育にいろいろの影響を与える。公民館での憲法普及事業は公民館奨励に拍車をかけたが，第89条の民間の慈善・教育・博愛事業への補助金禁止規定は，団体活動への抑制となる。教育刷新委員会は「社会教育団体に対しては，民法による監督以上の監督をすることができる」（同建議「社会教

育振興に関する件」1948年）として，補助金支出を容認しようとしさえした（この団体は法人とされ，社会教育法の規定する社会教育関係団体と同一ではないが，重複する部分も少なくない）。

結局，CIEの指示のもとで出された社会教育局長通達「地方社会教育団体の組織について」（1948年）により，団体への支援援助は打ち切られることとなった。これが社会教育法に具体化され，社会教育関係団体への統制・支配・事業干渉はなされないこととなった（第12条）。とくに，第13条の補助金禁止規定は，ノーサポート・ノーコントロールの原則として，社会教育関係団体に対する指導・育成の最も重要な原則となった。

社会教育法は，1949（昭和24）年6月に公布施行された。学校教育法に後れること2年余である。戦後社会教育はそれまで何もしなかったのか。上述のように，青少年団体設置要領に基づく団体育成のほか，戦後社会教育に大きな意味を有する公民館の設置奨励も1946（昭和21）年7月に始まっている。いずれも新学校制度の発足よりも早い。

社会教育では，法律の規定とは無関係に新しい事業が行われてきた。社会教育法制定以前の経緯は，その典型である。戦前に社会教育関係の法律は存在しなかったし，戦後ものちの青年学級振興法を数少ない例外として，新たな事業や施設のために法律を制定することは少なかった。社会教育における法律主義は，社会教育法制定後の10年間はともかく，その前後とも十分なものではなかった。そのような社会教育の世界にも法律が制定された。喜ぶべきことではあろう。

社会教育法は，社会教育に関する国・自治体の任務・責任を定めている。そのため，国・自治体及び教育行政にたずさわる教育委員会について規定し，とくに市町村が設置する公民館には多くの条文を割いている。公民館法と称される所以である。法の構成は，次のとおりである。

第1章　総則（第1～9条）
第2章　社会教育主事及び社会教育主事補（第9条の2～9条の6）

第3章　社会教育関係団体（第10〜14条）
第4章　社会教育委員（第15〜19条）
第5章　公民館（第20〜42条）
第6章　学校施設の利用（第43〜48条）
第7章　通信教育（第49〜57条）

　社会教育関係団体は第3章に規定されているが，社会教育主事の章は1951（昭和26）年に追加されたものであり，法制定当初は社会教育関係団体が第2章に位置していた。社会教育関係団体は条文数こそ少ないものの，重視されていたことの表れである。

　ところで，この社会教育関係団体とは何なのか。国・自治体の統制・支配・干渉は排され，とくに前述したように社会教育の伝統ともいうべき補助金も否定された。文部省や教育委員会の指導助言でさえ，団体の「求めに応じ」てしかなしえない。つまり，社会教育関係団体は，社会教育法上は国・自治体とは無縁・無関係な民間団体というわけである。

　そのような団体が総則の次の第2章におかれているということは，表面上の扱いとは異なる，非常に重要な役割を有していることを意味している。

　実際に，社会教育活動の重点は青年団・婦人会の育成指導におかれ，前述のように，公民館はこれらの団体の活動拠点と考えられていた。文部省社会教育局には，伝統的に青少年教育課，婦人教育課（現在も名称・所属局を異にするとはいえ存続している）が設置されてきたが，そのこともこれをよく表している。

　この間の事情をよく示しているのが，地方教育行政法の規定である。社会教育の定義は社会教育法（第2条）や旧文部省設置法（第2条7号）にみられるが，そこでは社会教育を満遍なく説明している（それでも説明し切れているとはいいがたいが）。それに対して，地方教育行政法では，市町村教育委員会の所管事務をごく端的に，「青少年教育，女性（2000年以前は婦人）教育，公民館の事業その他社会教育に関すること」としている。

　つまり，社会教育の実態は，公民館における青少年教育，婦人（女性）教育

であったといってよいであろう。もちろん，民間団体である青年団や婦人会の名称は，法律の条文や文部省の組織名としては表れない。

社会教育法は，前述のように公民館法と通称されることがあるが，このような社会教育関係団体の重要性に着目して，「社会教育関係団体法」というべきであるとの指摘さえある。

このような社会教育関係団体への補助金支出は，ノーサポート・ノーコントロールの原則から憲法第89条，社会教育法第13条により禁止されていた。それに対する問題提起が，スポーツ界から起こってきた。オリンピック等での日本人選手の活躍に対して，公的助成を求める声が1950年代後半にいたって出てくるのである。

文部省社会教育局は，内閣法制局に憲法第89条の教育事業の解釈を求め，社会教育関係団体の事業でも「教育の事業」に該当しない部分になら，補助しても憲法違反に当たらないとの回答（「憲法第八九条にいう教育の事業について」1957年）を得て，1957（昭和32）年，社会教育法第13条の規定を全国的・国際的スポーツ団体には適用しないという例外規定を，附則に追加した。

これが，1959（昭和34）年の第13条改正に根拠を与えることとなった。結局，第13条は，補助金を支出する場合には社会教育審議会や社会教育委員の会議に諮るよう改正された。団体への補助金行政の復活である。このあと，社会教育行政は，青年団，婦人会，PTA等の社会教育関係団体と不離一体に進められることになる。

1960年代後半以降の都市化・工業化のもと，農村の変貌・生活変化は，社会教育とくに青年団のような地域団体に大きな影響を及ぼし，それに立脚していたような社会教育行政にも痛手を与えることになる。婦人会も時期は下るが同じ道をたどる。社会教育における地域団体主義は崩壊するのである（そのため一時青年の家，少年自然の家のようなあたらしい社会教育施設が登場することとなる）。

1960～70年代以来青年団周辺では，多様な興味・関心に基づくグループ・サークル活動と，総合的活動を重視する青年団をめぐって，その功罪についてさ

まざまな議論が起こっていたが，しかし今や，青年団そのものがほとんど存在しえなくなった。新たな活動が求められることになる。

　グループ・サークルは社会教育の内外に数多く存在する。公民館では講座の終了後，それらの受講者をグループに育成することさえ行われている。このような集団の自発性・自律性が注目されて，そして，社会教育で昔から強調されてきた「非営利」の発想も加わって，NPOが脚光をあび，その法制化・法人化が図られることとなり，次項に詳述するように，活動の面からも，そして指定管理者の受託団体としても注目されるようになった。

2　特定非営利活動促進法とNPO

　NPOとは，Not-for-profit Organization（あるいはNonprofit Organization）の略称である。すなわち営利を目的としない組織ということである。一般に「非営利組織」と訳される。より明確にその性格を現すことばとして，Not-for-profit, but-for-mission Organizationという表現も使用される。これは営利を目的としない活動という点よりも，むしろ使命実現のほうに力点をおいているNPOの実態を端的に表現したものである。

　NPOとよく似たことばに，NGO（Nongovernmental Organization）ということばもある。「非営利組織」に対して，一般に「非政府組織」と訳す。このことばは，国際連合憲章第71条に起源をもつことばである。

　　　経済社会理事会は，その権限内にある事項に関係のある民間団体と協議するために，適当な取極を行うことができる。この取極は，国際団体との間に，また，適当な場合には，関係のある国際連合加盟国と協議した後に国内団体との間に行うことができる。（国際連合憲章第71条）

条文中の「民間団体」にあたるのが原文では，non-governmental organizationsである。NGOということばが，第二次世界大戦後早くから使用されていた用語であったことがわかる。

　NPOは，営利企業（For-profit Organization, FPO）ではないこと，NGOは政

府ではないことをさしているが、NPO・NGOのいずれも非営利で非政府の組織である。その意味で、どちらの語がさす組織もほぼ同じ意味をもち、用語のちがいは力点のちがいによるものである。今、国際的にはNPO・NGOの用語が内包する否定的なニュアンスを嫌い、それらを包含し市民の主体的なかかわりをより前面に押し出す、CSO（Civil Society Organization, 市民社会組織）という用語が頻繁に用いられるようになっている。日本では、財団法人損保ジャパン環境財団が2000（平成12）年から取り組んでいる「損保ジャパンCSOラーニング制度」でこの用語を使用しており、その後も使用例は増え、こうした概念が根づきつつある。

　今日の日本のNPOには、4通りの意味があるとされる（早瀬昇・松原明『NPOがわかるQ＆A』2004年）。第1は、「特定非営利活動促進法」（NPO法）に基づいてNPO法人に認証された団体をさすとらえ方。1998（平成10）年のNPO法施行以来、このようなとらえ方をする人が増加している。第2は、第1に加えて法人化していない市民活動団体やボランティア団体を含めるとらえ方。今日の日本においてはこのとらえ方が最も一般的で、政府や自治体の文書にみるNPOはこのとらえ方をしている。

　第3に「非営利で公益目的の団体」という意味で、宗教法人、社団法人、財団法人、社会福祉法人、学校法人、医療法人などを含めるとらえ方。日本では一般的ではないというものの、イギリスやアメリカ合衆国ではこのとらえ方が一般的であるという。第4が公益目的だけではなく共益目的もあわせて、非営利団体をすべて含めるとらえ方。Nonprofit Organizationということばからすると、このとらえ方が一番ことばに忠実ではあるものの、日本ではあまり一般的ではない。ここでは、NPOという場合は第2のとらえ方で、NPO法人という場合は第1のとらえ方で使用する。

　日本においてNPOということばが世間に知られるようになったのは、1995（平成7）年のことである。阪神淡路大震災を契機にした全国のボランティア活動とNPO法案の盛り上がりとともに、NPOの存在が広く認識された。NPO法

案をめぐる盛り上がりの要因は，NPO法作成過程に次のような特徴があったためといわれる。

まず一つが，NPO法が議員立法であり，さらに画期的なことに，衆議院で全会一致成立したことである。二つ目の特徴が市民立法であることである。1995〜1997（平成7〜9）年にかけて，シーズ＝市民活動を支える制度をつくる会など5つの団体が，それぞれ独自のNPO法案を作成，発表した。とりわけシーズが発表した「市民活動促進法案」は，各党の法律案作成作業に大きな影響を与えたほどである。NPO法の成立過程は「市民＝議員立法」という新しいことばを生み出し，のちにマスコミによって「議員立法の理想形」と評価された。

NPO法は，「特定非営利活動を行う自由な社会貢献活動としての特定非営利活動の健全な発展を促進し，もって公益の増進に寄与すること」（第1条）を目的としている。具体的には法人格の付与，法人の情報公開という大きな二つの内容が盛り込まれており，2009（平成21）年11月末現在で3万8806団体がNPO法人として認証されている。法施行から10年以上を経過し，着実にNPO法人制度が根づいてきていることの証である。

この間，2002（平成14）年の法改正により，申請書類の簡素化，暴力団関係者を排除する規定の強化，予算に関する制約の廃止のほか，NPO法人の活動分野が改正前の12分野から17分野に拡大された。内閣府国民生活局の統計を見ると，NPO法人として認証を受けている団体の活動分野として，最も多いのが第1号「保健・医療・福祉」，ついで第2号「社会教育」，第17号「NPO支援」，第3号「まちづくり」，第11号「子どもの健全育成」，第4号「学術・文化・芸術・スポーツ」，第5号「環境保全」となっている。

この法改正に伴い追加された第12号「情報化社会」，第13号「科学技術」，第14号「経済活性化」，第15号「職業能力開発・雇用機会拡充」，第16号「消費者保護」の各分野は調査対象期間の差異もあり，割合が低くなっている。また，同じ統計によると，複数の活動分野を申請することもできるが，3個の活動分

野を申請するケースが最も多い。

　こうしたNPO法人の活動を支援することを目的として，2001（平成13）年10月から認定NPO法人制度がスタートした。この制度は，NPO法人が一定の要件を満たしている場合，国税庁の認定によって「認定NPO法人」という資格を得ることができ，2種類の税制上の優遇をうけられるという制度である。

　その一つが認定NPO法人に寄付をした個人や会社に対する優遇であり，そしてもう一つが認定NPO法人自身に対する優遇である。前者によりNPO法人は寄付を集めやすくなり，後者により事業で得た収入をより多く活動に当てることができるのである。

　そのため，NPO法人に対する資金面での支援をする制度として導入当初から期待されてきてはいるが，その一方で，認定要件が厳しかったこともあり，ほとんどのNPO法人が認定を受けられず，2005（平成17）年4月の税制改正により認定要件が緩和されたものの，同年10月現在で認定数37団体とわずか0.1％強の団体が認定されているにとどまっている。

　こうした状況をふまえ，今後の認定のための基礎資料を得るために内閣府は，2004（平成16）年7月7日から8月6日まで「NPO法人の実態及び認定NPO法人制度の利用状況に関する調査」を行った。その結果，認定を受けていないNPO法人の制度に対する関心のなさが浮き彫りになった。また緩和されたとはいうもののやはり認定要件の厳しさがこの制度が活用されていない要因となっていることも明らかになった。2009（平成21）年に入り再度制度改正があり，より要件が緩和され，今後，この制度の活用が期待されるところである。

　改正法におけるNPO法人の活動分野のうち環境教育に関係があるものは，第2号「社会教育」，第5号「環境保全」，第11号「子どもの健全育成」である。これに基づき内閣府国民生活局NPOホームページで公開されている情報をベースにこれら3号を満たすものを合計すると，環境教育を行っているNPOはおよそ2300団体弱である。

　しかし，内閣府国民生活局NPOホームページのデータベースも完全なもの

とはいえず，登録漏れなども考えられるので，実数はおそらくもっと多いと思われる。そのため少なくとも2300以上のNPO法人がその活動の一環として環境教育の担い手となっていることが考えられよう。

現在，滋賀県では454団体のNPO法人が活動している。そのうち環境教育にかかわる団体は368団体と8割以上に達する。全国の様子と比較すると大多数のNPOが環境教育をめざしているわけである。これは滋賀県が「環境立県」を標榜していることによるであろう。

3　滋賀県における実践—「やまんばの会」の事例
(1)　「やまんばの会」の沿革

「やまんばの会」は，滋賀県米原市（旧坂田郡近江町）日光寺地区を拠点に活動をするNPO法人である。会の定款ではその目的を「琵琶湖に恩恵を受ける全てのもののために，その水源である周囲の山並みを守り，次世代に伝えるべく，里山の復元と保全に関する事業を行い，自然環境の保護に寄与することを目的とする」（第3条）と定めており，その目的を達成するため，①里山整備，保全事業，及びその啓発，②子どもの自然体験学習，環境学習の支援の事業を行っている（第5条）。その活動については定款第4条で「環境の保全を図る活動」と「子どもの健全育成を図る活動」の二つをあげており，改正NPO法の第5号並びに第11号に該当する活動を行っている。

米原市は，総面積約250平方キロメートルである。総人口4万1633人で，滋賀県東北部地域の中心に位置する都市である（2010年1月1日現在）。活動フィールドである「やまんばの森」は米原市日光寺地区を取り囲む120ヘクタールの比較的浅い雑木林である。農業用のため池が3カ所あり，1960年代までは薪，木炭等の燃料を提供する里山として利用されてきた。

「やまんばの会」は，2000（平成12）年5月に旧近江町のまちづくり事業の一つとして，松枯木の伐採を目的に編成された「山林整備プロジェクト」，通称「松枯伐倒隊」という13名（一般参加者7名，町職員からの希望参加者6名）

からなるボランティア集団をその母体としている。

　松枯木の伐採は大変危険な作業で，素人集団では無理だとの森林組合の助言を受け，松枯木の伐採活動を断念する。しかし，2000（平成12）年7月に近江町立ふたば幼稚園（現米原市立ふたば幼稚園）の園外活動場所「やまんば広場」での活動をヒントに，「誰でも山の中で自由な活動ができる場」の提供を目的に里山整備活動へと活動を転換する。同年9月には，会員でもあった土地所有者の理解を得て，1.5ヘクタールの山林を無償借用し，活動を本格的に開始する。

　2001（平成13）年，滋賀県の湖国21世紀記念事業「夢〜舞めんと滋賀」に参加するため，また，近江町外の住民の入会を受けるために「やまんばの会」に名称を変更する。この名称の由来は，活動転換のきっかけとなった「やまんば広場」である。その後，2003（平成15）年8月27日に県内120番目のNPO法人となった。

　現在は，活動フィールド「やまんばの森」を120ヘクタールに拡大し，幼児から80歳代までの幅広い年齢層からなる90名の会員が活動している。年会費は1000円，毎月第一土曜日が定期活動日となっている。また，2005（平成17）年から「モッコクラブ」，2008（平成20）年から「やまんば薪ストーブクラブ」など，より特化した活動も進めており，その幅広さも特筆に値するであろう。

　「やまんばの森」には，コナラ・アベマキなどの落葉広葉樹，カシ類・ソヨゴ・ツバキなどの照葉樹（常緑広葉樹），スギ・ヒノキ（針葉樹）の人工林，枯木の目立つアカマツ，竹などが生えている。

　会は年間を通じて，この森をそれぞれの植生や活用目的に応じた手入れをする「里山の保全活動」を行っている。中心となる作業は不用木の除間伐であり，択伐か小面積皆伐を行い，暗く鬱蒼とした森を明るい森にしてきた。この際，同一の伐採方法によらず，森全体としてモザイク的な状況をつくり出すことで，森の生態系をより多様なものとしている。

　「里山の保全活動」をより充実したものにするため，伐った木をいかに活用するか，里山を楽しみながら暮らしに取り戻せるか，会はこの2点を重視して

いる。そのため伐った木は、そのほとんどを薪にしている。里山が人間の生活のエネルギーを生み出す源であることを知るためである。

実際にプログラムの一環として、この薪を用いて手づくりの土釜でパンやピザを焼いている。冬には薪ストーブの原料としても利用し、細い枝やツルはチップにしてカブトムシの育成床や歩道の舗装材としても活用されている。そのほかにクラフトの原料などとしても活用されている。このような「里山資源の活用」も会の活動の特徴である。

旧近江町には、かつていたるところにギフチョウがいたという。日本固有種で、俗に「春の女神」と呼ばれているこの蝶は、今では希少種となってしまった。「やまんばの会」設立当初からギフチョウを里山整備による復元のバロメーターとみなし、「春の女神舞うやまんばの森」を基本目標に掲げていた。

活動をはじめて3年目の2003（平成15）年早秋には、絶滅したと思われていたギフチョウの姿が確認され、現在では活動拠点「やまんばの家」の裏手にギフチョウの成育のためのスペースを設けるなどしている。このように、ギフチョウの成育にも会は積極的に貢献している。この「希少種を守る活動」は、「里山保全活動」から派生した副次的な活動だといえる。

現在、会の活動の大部分を占めているのが「自然体験・環境教育の支援」である。次世代を担う子どもたちに、里山保全活動をとおして環境を守ることの意味を理解するプログラムを展開している。主に、地域の社会教育関係団体や子ども会・ほかのNPO団体を受け入れ、協働で活動を行う形態をとっている点が非常にユニークである。これらの活動は、「自然体験・環境教育の支援」事業専用フィールド「モッコの谷」を中心に展開されている。

活動内容は、以上述べてきた「里山の保全活動」「里山の資源活用」「希少種を守る活動」、そして「自然体験・環境教育の支援」の4つである。自然体験・環境教育の支援事業に関して、会は2005（平成17）年度に「モッコクラブ」を設立し、より発展させたかたちで自然体験・環境教育活動に力を入れているところである。

(2) 「やまんばの森学園」

「やまんばの会」の環境教育実践は，2002（平成14）年5月，滋賀県草津市のガールスカウト滋賀第2団からの活動の申し込みを受けたことに始まる。それまでの会は，あくまで「里山の保全活動」を中心に活動していた。現在，受け入れた団体の昼食として振る舞われるパンやピザも，当時は「里山の保全活動」を行う会員の昼食としてつくられていたのである。そんな，いわば会の黎明期に，活動を耳にしたガールスカウト滋賀第2団のリーダーから活動を手伝わせてほしいと会に連絡がはいったのである。リーダーたちは，ガールスカウト滋賀第2団が地域に貢献できる，定期的な活動の場を探していたのである。

当時，年に1,2回，会の活動啓発イベントとして行われていた「やまんばの森学園祭」で短時間ではあるが，参加者全員での里山整備体験を会は行ってきてはいたものの，ガールスカウトのような子どものみの団体を受け入れたことがなかった。このため，会の最初の自然体験・環境教育支援事業は，里山整備体験を中心に，竹林の整備として「竹の子採り」，カブトムシの産卵所を作るための落ち葉かき，それまで会員の昼食になることしかなかったピザを子どもたちと共同で準備し，一緒に食べる，といった内容になった。手探りではじめたこの実践もその後さまざまな団体の受け入れを通じ，「やまんばの森学園」として発展していった。

その一方では，滋賀県主催の講習会などの機会を通じ会員のスキルアップも図られ，現在では自然観察指導員の資格をもつ会員による里山の貴重な自然について学習するプログラム，自然体験活動リーダーの資格をもつ会員によるネイチャーゲームなどのプログラムも整ってきている。2005（平成17）年2月からは，継続的な環境教育実践をめざし，「モッコクラブ」という小学校中・高学年対象の会員制の環境教育実践も展開している。

自然体験・環境教育支援事業のプログラムの特徴は，非常に柔軟であることである。受け入れる団体の要望に応じて，可能な限りその要望に応えようとしている。それを基本スタンスとしつつ会は基本的プログラムの雛型も用意して

いる。以下その活動を見ていこう。

　10時に「やまんばの森学園開校式」として，挨拶と参加者の簡単なコミュニケーションづくりを行い，簡単な注意事項を説明する。その後，「自然観察会」として自然観察指導員として40年のキャリアをもつ会の長老的会員から，やまんばの森の自然が子どもたちに教えられる。それが終わり11時ごろになると，会の活動のハイライト「里山整備体験」が行われる。山頂までの低木の伐採，伐採した木の棚積みまたは搬出，作業道の整備，薪割り作業と柴集め，落ち葉集めなどがその具体的な活動である。

　このとき，会員は参加者とともに里山整備を行うものと，参加者のための食事を準備するものに分かれる。参加者が里山整備を終え下山してくると同時に昼食となる。会による手づくり土窯と，それで焼いたパンやピザに，参加者は舌鼓を打つ。昼食後，15時の閉校式までは自由時間となる。参加者はその場にあるものを思い思いに用いて自由な遊びを楽しむ。ザリガニ釣りや鬼ごっこなどに人気が集中している。

　15時になると閉校式を行うと同時に，木を伐ることで森を守る里山保全の意味，森の守り方はこれまでの地域の人々と森とのかかわり方によって異なることなどを問題提起して参加者たちに投げかけ，その日一日のプログラムを振り返らせて，環境教育に一層の深みをもたせている。

　「やまんばの会」の環境教育実践の特徴として，まず一つの実践が「やまんばの森」の一角に子ども専用に設けられた「モッコの家」と「モッコの谷」で主に行われていることがあげられる。このモッコの家は，県立朽木いきものふれあいの里にある「ムッレの家」に影響を受けたもので，「子ども達が自由に山遊びのできる場所をつくってほしい」という利用者の要望を受けてできあがったものである。

　このように専用のフィールドがあることは特筆するに値するであろう。地域の社会教育団体や子ども会・ほかのNPO団体を積極的に受け入れ，協働で活動を行い，受け入れる団体の要望に応じて，可能な限りその要望に応えようと

する柔軟性は賞賛に値するであろう。事実，2004（平成16）年には自然環境功労者環境大臣表彰をはじめ，多くの財団，公的機関から活動を表彰されており，今後ますますその活動は注目されていくことであろう。

第5節　キャリア教育の導入と課題

1　キャリア教育の概念と意義

1971（昭和46）年1月23日，アメリカの教育改革運動の一つ，全米中等学校長会年次大会の席上で，当時のアメリカ合衆国連邦教育長官のマーランド（Marland Jr, Sydney P.）が「すべての教育は，キャリア教育であるべきである」と述べた。これがアメリカのキャリア教育の始まりといわれている。

「アメリカ教育の最大の欠点は，学校長の教育姿勢であり，教育計画，教育内容の分化，陳腐化であり，教育成果の低下である」，「知的な教育と職業的な教育との分離」を指摘し，それに対する解決策や方法として，まず「われわれ教育者が職業教育を Vocational Education というのをやめて，以後キャリア教育（Career Education）という」ことを提案した。

マーランド長官は，このあとに「すべての教育は，キャリア教育であるべきである」と断言し，また「教育者のすべての努力は，高卒後直ちに有益，完全な仕事に従事する生徒を育成したり，あるいは進学者のための適切な教育にむけられるべきである」，「学校教育活動の全般を通して，自分の将来の生き方を考え，実社会に職業人として自立した人間になる態度を育てよう」，また「私たちが，今日，キャリア発達を語りあうときは，ある特定の仕事や訓練についてでなく，生涯を通じて進歩向上しようとする人々の能力をどう高めるかについて語りあっているのである」と語った。

「キャリア」という言葉は，一般に，個人がたどる行程や足跡，経歴，または，特別な訓練を要する職業や職業上の出世や成功，生涯の仕事等を示す用語として使用されている。しかし，その解釈や意味づけは多種多様な箇所に用いられ，

時代変遷によっても変化してきている。

　文部科学省は，2004（平成16）年1月「キャリア教育の推進に関する総合的調査研究協力者会議報告書〜児童生徒一人一人の勤労観・職業観を育てるために〜」において「キャリア」と「キャリア教育」を次のように定義している。

・キャリア
　　個々人が生涯にわたって遂行する様々な立場や役割の連鎖及びその過程における自己と働くこととの関係付けや価値付けの累積
・キャリア教育
　　児童生徒一人一人のキャリア発達を支援し，それぞれにふさわしいキャリアを形成していくために必要な意欲・態度や能力を育てる教育，端的には児童生徒一人一人の勤労観・職業観を育てる教育

　「キャリア教育」という用語は，1999（平成11）年12月の第17期中央教育審議会答申「初等中等教育と高等教育との接続の改善について」において，「望ましい職業観・勤労観及び職業に関する知識や技能を身につけさせるとともに，自己の個性を理解し，主体的に進路を選択する能力・態度を育てる教育」と定義し，「学校教育と職業生活との接続」という章を設け，フリーター等の若者の雇用問題に対する対策としてキャリア教育を提唱した。この答申で，初めて「キャリア教育」という用語が使用された。

　ちなみに，1983（昭和58）年に改訂された旧文部省『中学校・高等学校進路指導の手引書―高等学校ホームルーム担任編―（改訂版）』で，「学校における進路指導は，本来の人間の生涯教育（キャリアエデュケーション）的な立場に立っておこなわれるべきもの」と位置づけた。これには，1971（昭和46）年にアメリカ連邦教育局が重点施策として提唱した「キャリア・エデュケーション」の用語を「付録　参考資料・実践例等」の個所で解説している。

　「キャリア教育」とは，以前の「進路指導」と同じ意味を表した用語である。これまでの中学校や高等学校では学業成績によって自己の進路先の選択や決定を重視した指導が行われていた。中学校や高等学校の1年次・2年次ではあま

り実施されなかった実態があり，どちらかというと卒業前の3年次に集中して教育現場で取り扱われてきた。まったく新しい教育ではなく，本来の「進路（職業・進学）指導」により幅をもたせ，継続的・体系的にとらえようとするものであり，「職業指導」(vocational guidance) から「進路指導」(career guidance) に，さらに「キャリア教育」(career education) へと移り変って，学校教育で扱われる教育活動の目的や内容・方法等が拡大し深化・リニューアルされたものである。

今日，小学校，中学校，高等学校の各学校段階で，継続したキャリア教育が実施されている。また，大学・短期大学や専門学校から，さらに，社会人になってからも引き続きその機会が保障されるべき教育であり，生涯教育と深くかかわっている。

2　キャリア教育の導入

前述のとおり，文部科学行政関連の文書で「キャリア教育」の用語が使用されたのは，アメリカでキャリア教育が提唱されてから20年後の1999（平成11）年12月，中央教育審議会答申「初等中等教育と高等教育との接続改善について」である。この答申には，「キャリア教育（望ましい職業観・勤労観及び職業に対する知識や技能を身につけさせるとともに，自己の個性を理解し，主体的に進路を選択する能力・態度を育てる教育）を小学校段階から発達段階に応じて実施する必要がある」と述べられている。

この背景にはいろいろな要因があげられるが，アルバイトやパートで生計をたてる「フリーター」と呼ばれる不安定就労者，就職後3年以内に退職する「早期離職者」や「自発的離職者」に加え，近年社会問題にもなっている「ニート」の職業意識の低下などが考えられる。

また，若者が学校から職場へ円滑に移行できないような社会では，今までの学校教育では卒業までに身についていたはずの「知識」や「考える力」「学ぶ力」が，十分に身につかないと考えられる。将来，自分が就きたいと考える職

業，職種や仕事内容をしっかりと考えるためには，早い時期から「働くこと」にふれ，職業意識を育むいわゆるキャリア教育の必要性が高まってきたのである。また，大学まで含めた各教育課程段階をとおして，児童生徒の進路意識や職業観，勤労観の育成，学生の職業観・勤労観の醸成をキャリア教育によって立て直そうとするものである。

　「キャリア教育の推進に関する総合的調査研究協力者会議報告書～児童生徒一人一人の勤労観・職業観を育てるために～」(2004年)では，キャリア教育導入の経緯，「勤労観・職業観」の定義，キャリア教育導入の意義等についてまとめ，日本におけるキャリア教育の推進のための方策を提言している。

　少子高齢化社会の現在，産業・経済の目まぐるしいほどの構造的変化，雇用形態の細分化・多様化・流動化などの背景のもと，個人の将来への不透明さが大きく増幅するとともに，進学や就職における進路選択・決定を取り巻く環境は激変し，社会問題となっているフリーターやニート等の若年無業者の問題などが激しくなっている現状から，これからの社会を担う児童生徒がどのような状況でも，「生きる力」を身につけ，明確明瞭な目的意識をもって学業に専念できる取り組みが必要とされる。さらに，社会の変化に対応しながら，主体的に自己の進路を選択・決定できる能力・知識をもち，勤労観や職業観を身につけることが，広く「キャリア教育」で求められているところである。生涯学習機会の視点から，職業教育を組み直すキャリア教育の充実も図られてきている。

3　関係省庁にみるキャリア教育の推進
(1)　文部科学省

　1996（平成8）年10月に，文部省初等中等教育局長は「職業教育・進路指導研究会」に「教育方法の改善～職業教育及び指導に関する基礎的研究」の調査研究を，次の4点について委託した。

・職業教育の国際比較
・教育（学校）と職業（社会）との統合

・学校と企業との接続
・小・中・高一貫した進路指導の構造化

この4点目の「小・中・高一貫した進路指導の構造化」においては，①中高校の12年を一貫した進路指導の継続化，連続化，体系化を図る，②児童生徒の進路発達過程に即した指導目標，指導内容や適切な指導方法・評価などを検討する，③人間としての在り方，生き方や主体的進路選択能力の育成をめざす，④この分野の先行研究・先導的実践や先進諸外国での動向も踏まえて，今後必要とされる進路指導の構造化を試みる，ということであった。その中心的研究課題は，以下のような進路指導構造化の基盤となる概念モデルの設定であった。

① キャリア設計能力…キャリア設計の必要性に気づき，それを実際の選択行動において実現するための諸能力
② キャリア情報探索・活用能力…キャリアに関係する幅広い情報源を知り，さまざまな情報を活用して自分と仕事・社会との関係づけをとおして，自己と社会への理解を深めるための諸能力
③ 意思決定能力…進路選択で遭遇するさまざまな葛藤に直面し，複数の選択肢を考え，選択時に納得のできる最善の決定をし，その結果に対処できる諸能力
④ 人間関係能力…自己と他者の両方の存在に関心をもち，さまざまな人々との関係を築きながら，自己を生かしていくための諸能力

これらの成果を参考に，文部科学省は，小・中・高一貫した系統的学習プログラムの開発に取りかかることになる。

1999（平成11）年12月の第17期中央教育審議会答申「初等中等教育と高等教育との接続の改善について」では，キャリア教育を，「望ましい職業観・勤労観及び職業に関する知識や技能を身につけさせるとともに，自己の個性を理解し，主体的に進路を選択する能力・態度を育てる教育」と定義し，「学校教育と職業生活との接続」という章を設け，フリーター等の若者の雇用問題に対する対策としてキャリア教育を提唱した。前述のとおり，この答申で初めて「キ

ャリア教育」という用語が使用されたのである。

　2001（平成13）年には，国立教育政策研究所内に「児童生徒の職業観・勤労観を育む教育の推進に関する調査研究協力者会議」が設置され，続いて2002（平成14）年11月に文部科学省内に「キャリア教育の推進に関する総合的調査研究協力者会議」を設置した。同じ年に「職業教育及び進路指導に関する基礎的研究（最終報告）」の成果を継承しながら発展させ，国立教育政策研究所生徒指導研究センターによる『児童生徒の職業観・勤労観を育む教育の推進についての調査研究報告書』において，「職業観・勤労観を育む学習プログラムの枠組み（例）―職業的（進路）発達にかかわる諸能力の育成の視点から」に沿って「職業的発達にかかわる諸能力」が作成されたのである。

　これは，わが国におけるキャリア教育発達能力の構造化モデルを発展させ，「職業観・勤労観を育む学習プログラムの枠組み（例）」として作成されたものであり，小学校段階から高等学校段階の発達段階を横軸に，縦軸にキャリア発達にかかわる諸能力を4領域8能力設定した。すなわち，①人間関係形成能力（自他の理解能力，コミュニケーション能力），②情報活用能力（情報収集・探索能力，職業理解能力），③将来設計能力（役割把握・認識能力，計画実行能力），④意思決定能力（選択能力，課題解決能力），からなっている。これらは，キャリア教育において身につけるべき能力としての枠組みの一例である。

　翌年の2003（平成15）年4月には，文部科学大臣・厚生労働大臣・経済産業大臣・経済財政担当大臣による「若者自立・挑戦戦略会議」が設置され，同年6月「若者自立・挑戦プラン」を策定し，文部科学省では，これらのプランに基づき，若者が勤労観・職業観を身につけ，明確な目的意識をもって職業に就くとともに，仕事を通じて社会に貢献できるよう，中学校を中心とした5日間以上の職場体験（キャリア・スタート・ウィーク）の推進などを通じてキャリア教育の充実に取り組むことを提言した。

　同年7月に「キャリア教育の推進に関する総合的調査協力者会議中間まとめ～児童生徒一人一人の勤労観・職業観を育てるために～」を発表し，キャリア

教育が求められる背景として次の3点をあげている。
① 産業・経済の構造的変化や雇用の多様化・流動化などを背景として，就職，就労をめぐる環境が変化したこと
② 学校教育において，勤労観・職業観を育てるための取組みが十分でなかったこと
③ 高学歴社会の中で，職業について考えることや，職業の選定や決定を先送りするモラトリアム傾向などの生活意識が変容してきたこと

　また，キャリアを形成していくためには，「一人一人の成長・発達や諸経験が総合的にかかわってくる。このため『キャリア教育』が行われる場や機会についても，学校教育だけでなく家庭教育や社会教育，各職場などでの研修等を含む幅広いものであることはもちろん，その時期についても，小・中・高等学校，大学等の学校段階にとどまらず，卒業後の職業生活や社会生活を通し，生涯にわたって展開される必要があることは言うまでもない」とし，初等中等教育段階が基盤を培う場としてとくに重要であると述べている。

　2004（平成16）年1月の「キャリア教育の推進に関する総合的調査研究協力者会議報告書〜児童生徒一人一人の勤労観・職業観を育てるために〜」は，現在の社会状況は，求職と求人の不適合の拡大，若者の勤労観・職業観の未熟さ，職業人としての基本的資質・能力の低下，精神的自立の遅れ，人間関係を築く能力の不足，進路選択をしようとしない若者の増加を招いたと指摘している。

　前述したように，「キャリア」を「個人」と「働くこと」との関係の上に成り立つ概念として，「個々人が生涯にわたって遂行する様々な立場や役割の連鎖及びその過程における自己と働くこととの関係付けや価値付けの累積」であり，この概念に基づきキャリア教育を「児童生徒一人一人のキャリア発達を支援し，それぞれにふさわしいキャリアを形成していくために必要な意欲・態度や能力を育てる教育」，端的には「児童生徒一人一人の勤労観・職業観を育てる教育」であると定義した。

　キャリア教育を推進するための条件整備として，次の二つをあげている。

① 学校外の教育資源活用にかかるシステムづくりでは，キャリア教育を十分に展開するため，家庭，地域や企業等との連携を積極的に進め，学校外の教育資源を有効に活用すること。
② 関係機関等の連携と社会全体の理解を促進するためには，企業等においても，社会的責任という認識のもと，次世代を担う児童生徒を社会全体で育成するという視点に立って，従業員（社員）に周知し，学校の取り組みや生徒の活動を積極的に支援すること

2004（平成16）年4月には，「新キャリア教育プラン推進事業」として，全国でキャリア教育推進地域に全国45都道府県政令市を指定し，小学校110校，中学校86校・高等学校80校の合計276校を選定し，次のような方策を中心的課題としてあげている。

① 産業・経済の構造的変化に伴う雇用形態の流動化・多様化に対応できる
② 若者の勤労観，職業観や職業人としての資質・能力をめぐる課題に対応できる人物の育成
③ 進路意識が希薄なままとりあえず進学したり，就職したりする者の増加を食い止める

各指定校において，3年の期間で，地域と連携し，小学校段階から児童生徒の発達段階に応じた組織的・系統的なキャリア教育の推進を図るための試みがなされた。

2004（平成16）年6月に「キャリア教育の推進に関する総合的調査研究協力者会議報告書」が出され，小・中・高校におけるキャリア教育の推進が始まった。この報告書が出された2004年を，「キャリア教育元年」と呼ぶことがある。

2005（平成17）年4月には，中学生などの勤労観・職業観育成のための地域支援のシステムづくりを実施遂行するために「キャリア教育実践プロジェクト」を発表した。全国45都道府県・政令指定都市において，中学校を中心とした職場体験・インターンシップを実施し地域の教育力を最大限に活用し，さらなるキャリア教育の推進を図っている。同年6月には「経済財政運営と構造改革に

関する基本的方針2005」において,「若者の働く意欲を喚起しつつ，その職業的自立を促進し，ニート・フリーター等の増加傾向を軽減させるため,『若者自立・挑戦のためのアクションプラン』2004年の内容を強化・促進する」こととなった。

2006（平成18）年１月には，内閣官房長官と少子化・男女共同参画担当者大臣などを含むメンバーで「若者自立・挑戦戦略会議」を開催し，前回の「若者自立・挑戦のためのアクションプラン2004年」の改訂版として，次の３点が追加された。

① フリーターの常用雇用化，ニートの自立化支援など，若者１人ひとりの状況に応じたきめ細やかな対策の実施
② 小学校・中学校・高等学校そして大学・大学院までの学校教育課程において，地域や産業界との密接な連携による，体系的な人材育成の推進
③ 地域産業と若者，学校等のつながりの強化を通じた若者と仕事との橋渡しの推進

各学校段階を通じて，体系的なキャリア教育・職業教育を引き続き進め，新たに，専修学校や公民館などを活用してニート等を対象とした「学び直し」の機会を実施している。

(2) 厚生労働省

1990年代の日本において問題視されてきた若年層の雇用問題にかんがみ，厚生労働省・文部科学省の関係省が，2003（平成15）年６月「若者自立・挑戦プラン」を策定し，若年者における失業数の増加傾向を軽減させるためにこのプランのなかにおいて，「産業人材の育成」が最重要政策課題として位置づけられ，具体策として「学校段階からのキャリア教育の推進と強化，専門的職業人の育成」を掲げている。厚生労働以外外の関係省と密接に連携し，かつ産業界と協力しながらそのプランを実りあるものとして実施していくことがまとめられた。とくに，地域産業界との連携強化によって，将来の地域社会の担い手となる専

門的職業人を育成するという理念がうたわれている。そのなかで，具体的なものとして「教育・実務連携型人材教育システム（日本版デュアルシステム）」の導入を要請している。厚生労働省として「教育段階から職場定着に至るキャリア形成・就職支援」を重点的に取り組むというものであった。

また，2003（平成15）年の厚生労働省『労働経済白書』にはフリーターの背景として，「厳しい学卒労働市場における学卒無業者の増加や若年離職率の高まり，若者を取り巻く，経済環境が豊かになり，必ずしも正社員とならなくても生活ができること，若年者の就職環境が厳しく，不満足な形での就職が増加していることが影響していると考えられる」とし，若者が就職できなかったためにフリーターをしていることを示唆している。

増加するフリーターに対して，行政はこれまでほとんど具体的な対策を立ててこなかったが，2004（平成16）年から，「若者自立・挑戦プラン」によって全国で「ジョブカフェ」が活動を始めた。この「ジョブカフェ構想」は，①産業界・教育界などとの連携の充実，②広く国民の理解と協力を求める広報の余地，③プラン全体及び各施策の的確な評価と必要に応じた見直しの3つをあげ，「すべてのやる気ある若者の就業的自立を促進し，若年失業者の増加傾向の転換を目標」として，全国規模で予算を付けた初めての取り組みである。その具体的な項目は，次のとおりである。

① 教育・人材育成・雇用・創業施策の充実強化
② 教育段階から職場定着にいたるキャリア形成及び就職支援
③ 若年労働市場の整備
④ 若年労働者の能力向上
⑤ 創業・起業による若年者の就業機会の創出
⑥ 地域における新たな枠組み：若年者のためのワンストップサービスセンター（通称ジョブカフェ）
⑦ 各都道府県との連携による事業
⑧ 地域産業の活性化・高度化を担う若者人材の育成

⑨　ハローワークの併設・若年者のキャリア形成の支援の重点的実施

(3) 経済産業省

　経済産業省が，キャリア教育に取り組む背景として，近年の社会問題になっている「ニート」「フリーター」の増加や若年層における「早期離職者」「自発的離職者」の加速的増加がある。この「学校から職場への移行」が，産業界にとっても大きな問題になっている。現代の若者は，中学・高等学校・大学等の学校から職場や社会に出る前段階において，仕事に就くための自分自身の能力や適性が未熟であったり，生涯をとおして仕事に対する認識や目標を見失っていることが影響している。

　それを受けて，学校段階の早期から子どもたちの職業観・勤労観の醸成を図るため，すなわちものづくり等の働くことのおもしろさの体験・理解を促すため，主な取り組みとして，「地域自立・民間活用型キャリア教育プロジェクト」の実施である。2005（平成17）年度から3年間，地域の教育資源（企業技術者，OBの人材，教育NPO，自治体，PTA，公民館など）民間主体の経験やアイデアを活用し，地域に密着した体系的・効果的なキャリア教育を支援することを目的としている。単に学校や産業界を支援するのではなく，地域の民間主体を仲介役（「コーディネーター」）として支援することを通じて，学校と産業界・地域による一体的なキャリア教育の構築をめざしている。2006（平成18）年度は，全国に300校，3万5千人を対象に事業を実施した。

　その結果，「効果的なキャリア教育の実現には，コーディネーターが必要だと思うか」との設問に対して，行政では94.9％，産業界は78.6％，実施校では94.1％という回答結果が報告されている。翌2007（平成19）年度は，全国で28件のモデル事業を採択し，①体系的・効果的なカリキュラムの構築，②地域資源の協力による授業の実施，③「顔の見えるネットワーク」の構築を中心として，その地域ならではのキャリア教育に関連した事業を実施することとなった。

　経済産業省は，2006（平成18）年度の事業成果を次のようにまとめている。

①　様々な仕事があることを認識し，仕事についてのイメージが向上した（職業観の醸成）とのこと，「様々な仕事があることがわかった」の回答では，「とてもそう思う（70.9％）」「まあまあ思う（23.2％）」を合わせると90％以上になっている。また「仕事というキーワードからイメージされる言葉」に関しては，「信頼，協力，人のため，努力」などを回答している。

②　学校の勉強と仕事の関係性を認識した。「学習意欲の向上」においては参加する前と後では「学校の勉強と仕事の関係がわかった」において「とても思う（事前23.0％→事後41.7％）」「まあまあ思う（事前38.8％→事後37.9％）」のような結果であった。

③　「職場や地域社会で活躍するために必要な基礎的能力（「社会人基礎力」：産業界で求められる能力の変化を受け，基礎学力・専門知識を活かして，職場や地域社会で活躍するために必要な基礎的な能力）《2006（平成18）年2月「社会人基礎力に関する研究会」》より経済産業省が新たに提唱した概念」の必要性への気付き（成長目標の設定）において，参加した児童生徒の感想には成長した点で「チームで協力できた」「自分で考えられるようになった」「自分の力に自信がなかったが，少し自信がついた」をあげている。そして，今後つけたい力においては，「もう少し自分の意見を言う力をつけたい」，「強い責任を持つ」，「最後までやり遂げる力」を上位にあげている。

経済産業省提唱の「地域自立・民間活用型キャリア教育プロジェクト」の取り組みで，一定のキャリア教育に対する成果が確認され，新たに人材育成に対して新しい考え方が導き出された。すなわち人材の成長において，基礎学力・専門知識と「社会人基礎力」は，双方を学習することでより一層の相乗効果を期待することができる。習得した知識を頭の中にとどめるだけではなく，実際に活用する経験をし，体験することによって「学ぶ意欲」の高まりや，社会や仕事との関係性に気づくことで，人材の「スパイラルな成長」を実現することができるというものである。

4　今後の課題

1999（平成11）年12月の第17期中央教育審議会答申でキャリア教育の用語が使用されてから10年が経過した。将来の日本を担う若者たちの職業観・勤労観が希薄になりつつある現状からみて，何が原因で，どのような政策・方策・方法・取り組みをすればよりよい方向へいくのか，議論を重ね，現在に至っている。

2008（平成20）年12月24日，文部科学省の生涯学習政策局内に「今後の学校におけるキャリア教育・職業教育の在り方について調査審議する目的で」新たにキャリア教育・職業教育　特別部会が設置された。2009（平成21）年1月16日に第1回部会が開催され，以来同年7月8日で12回の会合をもっている。義務教育段階から後期中等教育，高等教育段階と，将来の自立の基礎として，勤労観・職業観等を培っていくことが不可欠であるという点に焦点を当て，家庭との連携や社会・職業への移行後の生涯にわたるキャリア教育形成支援等についても議論を重ね，次のような改革の基本的方向性を示している。

① 勤労観・職業観をはじめ，社会的・職業的自立に必要な能力等を，義務教育から高等教育に至るまで体系的に身に付けさせるため，キャリア教育の視点に立ち，社会・職業とのかかわりを重視しつつ教育の改善・充実を図る。
② 我が国の発展のために重要な役割を果たす職業教育の意義を再評価し，職業教育を体系的に整備するとともに，その実践性を高める。
③ 学びたい者が，いつでも，社会・職業において必要な知識・技能等について学び直したり，キャリアを変更することが可能となるよう，生涯学習の観点に立ち，キャリア形成支援の充実を図る。

厚生労働省においては「若者の人間力を高めるための国民運動」と題して，企業，学校・教育機関，地域社会，行政機関における取り組みをあげ，具体的な施策を展開している。とくに，学校教育を終了して社会に移行する若年者に対して，「キャリア探索プログラム」「ジュニア・インターンシップ」，NPOや

企業等の民間主体を中核とした「キャリア教育プロジェクト」の推進,「ジョブカフェ」「ヤングワークプラザ」「ハローワーク」「地域若者サポートステーション」「若者自立塾」などの支援をあげることができる。

とくに,厚生労省職業能力開発局では「YES－プログラム（Youth Employability Support Program, 若年者就職基礎能力支援事業)」に力を入れている。これは,若年者が円滑に就業を実現できるためには,就職基礎能力の習得が必要であることから,早い段階からの若年者の主体的な就職基礎能力（コミュニケーション能力・職業人意識・基礎学力・ビジネスマナー・資格習得）の修得を支援することによって,就職活動のための学習の目標が明確になるとともに,学んだことを就職活動の場面でのアピール力を高めることができる。企業にとっては若年者の能力を客観的に判断できるというメリットもある。

経済産業省におけるキャリア教育の支援は,単に学校や産業界を支援するだけでなく,企業・NPO等の地域の民間主体と仲介役（コーディネーター）として支援することを通じて,学校と産業界,地域による一体的なキャリア教育の仕組みの構築を図ることであり,地域に根ざしたキャリア教育の実施をめざしている。2005～2008（平成17～20）年の3年間に,小・中・高校各段階で,働くことのおもしろさの体験や理解を促すため,NPO・企業民間主体の経験やアイデアを活用した「地域自立・民間活用型キャリア教育プロジェクト」事業を行ってきた。それを引き継ぎ,「キャリア教育民間コーディネーター育成・評価システム開発事業」を立ち上げ,現在に至っている。

各省・関係部署でさまざまな調査・取り組みが行われてきた。そして,2006（平成18）年12月22日に教育基本法が改正公布施行され,「教育の目標」として「個人の価値を尊重して,その能力を伸ばし,創造性を培い,自主及び自律の精神を養うとともに,職業及び生活との関連を重視し,勤労を重んずる態度を養うこと」（第2条2号）との文言が明示された。

日本の教育を考えるとき,文部科学省をはじめ厚生労働省や経済産業省等の関係各機関が連携・協力し,より効率的・効果的にキャリア教育・職業教育を

実施する必要があるといえよう。

資　　料

1．社会教育関係法

① 教育基本法
（平成18年12月22日　法律第120号）

　我々日本国民は，たゆまぬ努力によって築いてきた民主的で文化的な国家を更に発展させるとともに，世界の平和と人類の福祉の向上に貢献することを願うものである。

　我々は，この理想を実現するため，個人の尊厳を重んじ，真理と正義を希求し，公共の精神を尊び，豊かな人間性と創造性を備えた人間の育成を期するとともに，伝統を継承し，新しい文化の創造を目指す教育を推進する。

　ここに，我々は，日本国憲法の精神にのっとり，我が国の未来を切り拓く教育の基本を確立し，その振興を図るため，この法律を制定する。

第1章　教育の目的及び理念

（教育の目的）

第1条　教育は，人格の完成を目指し，平和で民主的な国家及び社会の形成者として必要な資質を備えた心身ともに健康な国民の育成を期して行われなければならない。

（教育の目標）

第2条　教育は，その目的を実現するため，学問の自由を尊重しつつ，次に掲げる目標を達成するよう行われるものとする。

　一　幅広い知識と教養を身に付け，真理を求める態度を養い，豊かな情操と道徳心を培うとともに，健やかな身体を養うこと。

　二　個人の価値を尊重して，その能力を伸ばし，創造性を培い，自主及び自律の精神を養うとともに，職業及び生活との関連を重視し，勤労を重んずる態度を養うこと。

　三　正義と責任，男女の平等，自他の敬愛と協力を重んずるとともに，公共の精神に基づき，主体的に社会の形成に参画し，その発展に寄与する態度を養うこと。

　四　生命を尊び，自然を大切にし，環境の保全に寄与する態度を養うこと。

　五　伝統と文化を尊重し，それらをはぐくんできた我が国と郷土を愛するとともに，他国を尊重し，国際社会の平和と発展に寄与する態度を養うこと。

（生涯学習の理念）

第3条　国民一人一人が，自己の人格を磨き，豊かな人生を送ることができるよう，その生涯にわたって，あらゆる機会に，あらゆる場所において学習することができ，その成果を適切に生かすことのできる社会の実現が図られなければならない。

（教育の機会均等）

第4条　すべて国民は，ひとしく，その能力に応じた教育を受ける機会を与えられなければならず，人種，信条，性別，社会的身分，経済的地位又は門地によって，教育上差別されない。

2　国及び地方公共団体は，障害のある者が，その障害の状態に応じ，十分な教育を受けられるよう，教育上必要な支援を講じなければならない。

3　国及び地方公共団体は，能力があるにもかかわらず，経済的理由によって修学が困難な者に対して，奨学の措置を講じなければならない。

第2章　教育の実施に関する基本

（義務教育）
第5条　国民は，その保護する子に，別に法律で定めるところにより，普通教育を受けさせる義務を負う。
2　義務教育として行われる普通教育は，各個人の有する能力を伸ばしつつ社会において自立的に生きる基礎を培い，また，国家及び社会の形成者として必要とされる基本的な資質を養うことを目的として行われるものとする。
3　国及び地方公共団体は，義務教育の機会を保障し，その水準を確保するため，適切な役割分担及び相互の協力の下，その実施に責任を負う。
4　国又は地方公共団体の設置する学校における義務教育については，授業料を徴収しない。
（学校教育）
第6条　法律に定める学校は，公の性質を有するものであって，国，地方公共団体及び法律に定める法人のみが，これを設置することができる。
2　前項の学校においては，教育の目標が達成されるよう，教育を受ける者の心身の発達に応じて，体系的な教育が組織的に行われなければならない。この場合において，教育を受ける者が，学校生活を営む上で必要な規律を重んずるとともに，自ら進んで学習に取り組む意欲を高めることを重視して行われなければならない。
（大学）
第7条　大学は，学術の中心として，高い教養と専門的能力を培うとともに，深く真理を探究して新たな知見を創造し，これらの成果を広く社会に提供することにより，社会の発展に寄与するものとする。
2　大学については，自主性，自律性その他の大学における教育及び研究の特性が尊重されなければならない。
（私立学校）
第8条　私立学校の有する公の性質及び学校教育において果たす重要な役割にかんがみ，国及び地方公共団体は，その自主性を尊重しつつ，助成その他の適当な方法によって私立学校教育の振興に努めなければならない。
（教員）
第9条　法律に定める学校の教員は，自己の崇高な使命を深く自覚し，絶えず研究と修養に励み，その職責の遂行に努めなければならない。
2　前項の教員については，その使命と職責の重要性にかんがみ，その身分は尊重され，待遇の適正が期せられるとともに，養成と研修の充実が図られなければならない。
（家庭教育）
第10条　父母その他の保護者は，子の教育について第一義的責任を有するものであって，生活のために必要な習慣を身に付けさせるとともに，自立心を育成し，心身の調和のとれた発達を図るよう努めるものとする。
2　国及び地方公共団体は，家庭教育の自主性を尊重しつつ，保護者に対する学習の機会及び情報の提供その他の家庭教育を支援するために必要な施策を講ずるよう努めなければならない。
（幼児期の教育）
第11条　幼児期の教育は，生涯にわたる人格形成の基礎を培う重要なものであることにかんがみ，国及び地方公共団体は，幼児の健やかな成長に資する良好な環境の整備その他適当な方法によって，その振興に努めなければならない。
（社会教育）
第12条　個人の要望や社会の要請にこたえ，社会において行われる教育は，国及び地方公共団体によって奨励されなければならない。
2　国及び地方公共団体は，図書館，博物館，公民館その他の社会教育施設の設置，学校

の施設の利用，学習の機会及び情報の提供その他の適当な方法によって社会教育の振興に努めなければならない。

（学校，家庭及び地域住民等の相互の連携協力）

第13条　学校，家庭及び地域住民その他の関係者は，教育におけるそれぞれの役割と責任を自覚するとともに，相互の連携及び協力に努めるものとする。

（政治教育）

第14条　良識ある公民として必要な政治的教養は，教育上尊重されなければならない。

2　法律に定める学校は，特定の政党を支持し，又はこれに反対するための政治教育その他政治的活動をしてはならない。

（宗教教育）

第15条　宗教に関する寛容の態度，宗教に関する一般的な教養及び宗教の社会生活における地位は，教育上尊重されなければならない。

2　国及び地方公共団体が設置する学校は，特定の宗教のための宗教教育その他宗教的活動をしてはならない。

第3章　教育行政

（教育行政）

第16条　教育は，不当な支配に服することなく，この法律及び他の法律の定めるところにより行われるべきものであり，教育行政は，国と地方公共団体との適切な役割分担及び相互の協力の下，公正かつ適正に行われなければならない。

2　国は，全国的な教育の機会均等と教育水準の維持向上を図るため，教育に関する施策を総合的に策定し，実施しなければならない。

3　地方公共団体は，その地域における教育の振興を図るため，その実情に応じた教育に関する施策を策定し，実施しなければならない。

4　国及び地方公共団体は，教育が円滑かつ継続的に実施されるよう，必要な財政上の措置を講じなければならない。

（教育振興基本計画）

第17条　政府は，教育の振興に関する施策の総合的かつ計画的な推進を図るため，教育の振興に関する施策についての基本的な方針及び講ずべき施策その他必要な事項について，基本的な計画を定め，これを国会に報告するとともに，公表しなければならない。

2　地方公共団体は，前項の計画を参酌し，その地域の実情に応じ，当該地方公共団体における教育の振興のための施策に関する基本的な計画を定めるよう努めなければならない。

第4章　法令の制定

第18条　この法律に規定する諸条項を実施するため，必要な法令が制定されなければならない

　　附　則（抄）

（施行期日）

1　この法律は，公布の日から施行する。

②　社会教育法（抄）

昭和24年6月10日　法律第207号（最近改正　平20・6・11　法59）

第1章　総則

（この法律の目的）

第1条　この法律は，教育基本法（平成十八年法律第百二十号）の精神に則り，社会教育に関する国及び地方公共団体の任務を明らかにすることを目的とする。

（社会教育の定義）

第2条　この法律で「社会教育」とは，学校教育法（昭和二十二年法律第二十六号）に基き，学校の教育課程として行われる教育

活動を除き，主として青少年及び成人に対して行われる組織的な教育活動（体育及びレクリエーションの活動を含む。）をいう。
（国及び地方公共団体の任務）
第3条　国及び地方公共団体は，この法律及び他の法令の定めるところにより，社会教育の奨励に必要な施設の設置及び運営，集会の開催，資料の作製，頒布その他の方法により，すべての国民があらゆる機会，あらゆる場所を利用して，自ら実際生活に即する文化的教養を高め得るような環境を醸成するように努めなければならない。
2　国及び地方公共団体は，前項の任務を行うに当たつては，国民の学習に対する多様な需要を踏まえ，これに適切に対応するために必要な学習の機会の提供及びその奨励を行うことにより，生涯学習の振興に寄与することとなるよう努めるものとする。
3　国及び地方公共団体は，第一項の任務を行うに当たつては，社会教育が学校教育及び家庭教育との密接な関連性を有することにかんがみ，学校教育との連携の確保に努め，及び家庭教育の向上に資することとなるよう必要な配慮をするとともに，学校，家庭及び地域住民その他の関係者相互間の連携及び協力の促進に資することとなるよう努めるものとする。
（国の地方公共団体に対する援助）
第4条　前条第一項の任務を達成するために，国は，この法律及び他の法令の定めるところにより，地方公共団体に対し，予算の範囲内において，財政的援助並びに物資の提供及びそのあつせんを行う。
（市町村の教育委員会の事務）
第5条　市（特別区を含む。以下同じ。）町村の教育委員会は，社会教育に関し，当該地方の必要に応じ，予算の範囲内において，次の事務を行う。
一　社会教育に必要な援助を行うこと。
二　社会教育委員の委嘱に関すること。
三　公民館の設置及び管理に関すること。
四　所管に属する図書館，博物館，青年の家その他の社会教育施設の設置及び管理に関すること。
五　所管に属する学校の行う社会教育のための講座の開設及びその奨励に関すること。
六　講座の開設及び討論会，講習会，講演会，展示会その他の集会の開催並びにこれらの奨励に関すること。
七　家庭教育に関する学習の機会を提供するための講座の開設及び集会の開催並びに家庭教育に関する情報の提供並びにこれらの奨励に関すること。
八　職業教育及び産業に関する科学技術指導のための集会の開催並びにその奨励に関すること。
九　生活の科学化の指導のための集会の開催及びその奨励に関すること。
十　情報化の進展に対応して情報の収集及び利用を円滑かつ適正に行うために必要な知識又は技能に関する学習の機会を提供するための講座の開設及び集会の開催並びにこれらの奨励に関すること。
十一　運動会，競技会その他体育指導のための集会の開催及びその奨励に関すること。
十二　音楽，演劇，美術その他芸術の発表会等の開催及びその奨励に関すること。
十三　主として学齢児童及び学齢生徒（それぞれ学校教育法第十八条に規定する学齢児童及び学齢生徒をいう。）に対し，学校の授業の終了後又は休業日において学校，社会教育施設その他適切な施設を利用して行う学習その他の活動の機会を提供する事業の実施並びにその奨励に関すること。
十四　青少年に対しボランティア活動など社会奉仕体験活動，自然体験活動その他の体験活動の機会を提供する事業の実施

及びその奨励に関すること。
十五　社会教育における学習の機会を利用して行つた学習の成果を活用して学校，社会教育施設その他地域において行う教育活動その他の活動の機会を提供する事業の実施及びその奨励に関すること。
十六　社会教育に関する情報の収集，整理及び提供に関すること。
十七　視聴覚教育，体育及びレクリエーションに必要な設備，器材及び資料の提供に関すること。
十八　情報の交換及び調査研究に関すること。
十九　その他第三条第一項の任務を達成するために必要な事務

（都道府県の教育委員会の事務）
第6条　都道府県の教育委員会は，社会教育に関し，当該地方の必要に応じ，予算の範囲内において，前条各号の事務（第三号の事務を除く。）を行うほか，次の事務を行う。
一　公民館及び図書館の設置及び管理に関し，必要な指導及び調査を行うこと。
二　社会教育を行う者の研修に必要な施設の設置及び運営，講習会の開催，資料の配布等に関すること。
三　社会教育施設の設置及び運営に必要な物資の提供及びそのあつせんに関すること。
四　市町村の教育委員会との連絡に関すること。
五　その他法令によりその職務権限に属する事項

（教育委員会と地方公共団体の長との関係）
第7条　地方公共団体の長は，その所掌事項に関する必要な広報宣伝で視聴覚教育の手段を利用しその他教育の施設及び手段によることを適当とするものにつき，教育委員会に対し，その実施を依頼し，又は実施の協力を求めることができる。
2　前項の規定は，他の行政庁がその所掌に関する必要な広報宣伝につき，教育委員会に対し，その実施を依頼し，又は実施の協力を求める場合に準用する。
第8条　教育委員会は，社会教育に関する事務を行うために必要があるときは，当該地方公共団体の長及び関係行政庁に対し，必要な資料の提供その他の協力を求めることができる。

（図書館及び博物館）
第9条　図書館及び博物館は，社会教育のための機関とする。
2　図書館及び博物館に関し必要な事項は，別に法律をもつて定める。

第2章　社会教育主事及び社会教育主事補

（社会教育主事及び社会教育主事補の設置）
第9条の2　都道府県及び市町村の教育委員会の事務局に，社会教育主事を置く。
2　都道府県及び市町村の教育委員会の事務局に，社会教育主事補を置くことができる。

（社会教育主事及び社会教育主事補の職務）
第9条の3　社会教育主事は，社会教育を行う者に専門的技術的な助言と指導を与える。ただし，命令及び監督をしてはならない。
2　社会教育主事は，学校が社会教育関係団体，地域住民その他の関係者の協力を得て教育活動を行う場合には，その求めに応じて，必要な助言を行うことができる。
3　社会教育主事補は，社会教育主事の職務を助ける。

（社会教育主事の資格）
第9条の4　次の各号のいずれかに該当する者は，社会教育主事となる資格を有する。
一　大学に二年以上在学して六十二単位以上を修得し，又は高等専門学校を卒業し，かつ，次に掲げる期間を通算した期間が三年以上になる者で，次条の規定による社会教育主事の講習を修了したもの
　イ　社会教育主事補の職にあつた期間
　ロ　官公署，学校，社会教育施設又は社会

教育関係団体における職で司書，学芸員その他の社会教育主事補の職と同等以上の職として文部科学大臣の指定するものにあつた期間
　ハ　官公署，学校，社会教育施設又は社会教育関係団体が実施する社会教育に関係のある事業における業務であつて，社会教育主事として必要な知識又は技能の習得に資するものとして文部科学大臣が指定するものに従事した期間（イ又はロに掲げる期間に該当する期間を除く。）
二　教育職員の普通免許状を有し，かつ，五年以上文部科学大臣の指定する教育に関する職にあつた者で，次条の規定による社会教育主事の講習を修了したもの
三　大学に二年以上在学して，六十二単位以上を修得し，かつ，大学において文部科学省令で定める社会教育に関する科目の単位を修得した者で，第一号イからハまでに掲げる期間を通算した期間が一年以上になるもの
四　次条の規定による社会教育主事の講習を修了した者（第一号及び第二号に掲げる者を除く。）で，社会教育に関する専門的事項について前三号に掲げる者に相当する教養と経験があると都道府県の教育委員会が認定したもの
　　（社会教育主事の講習）
第9条の5　社会教育主事の講習は，文部科学大臣の委嘱を受けた大学その他の教育機関が行う。
2　受講資格その他社会教育主事の講習に関し必要な事項は，文部科学省令で定める。
　　（社会教育主事及び社会教育主事補の研修）
第9条の6　社会教育主事及び社会教育主事補の研修は，任命権者が行うもののほか，文部科学大臣及び都道府県が行う。
　　　第3章　社会教育関係団体
　　（社会教育関係団体の定義）
第10条　この法律で「社会教育関係団体」とは，法人であると否とを問わず，公の支配に属しない団体で社会教育に関する事業を行うことを主たる目的とするものをいう。
　　（文部科学大臣及び教育委員会との関係）
第11条　文部科学大臣及び教育委員会は，社会教育関係団体の求めに応じ，これに対し，専門的技術的指導又は助言を与えることができる。
2　文部科学大臣及び教育委員会は，社会教育関係団体の求めに応じ，これに対し，社会教育に関する事業に必要な物資の確保につき援助を行う。
　　（国及び地方公共団体との関係）
第12条　国及び地方公共団体は，社会教育関係団体に対し，いかなる方法によつても，不当に統制的支配を及ぼし，又はその事業に干渉を加えてはならない。
　　（審議会等への諮問）
第13条　国又は地方公共団体が社会教育関係団体に対し補助金を交付しようとする場合には，あらかじめ，国にあつては文部科学大臣が審議会等（国家行政組織法（昭和二十三年法律第百二十号）第八条に規定する機関をいう。第五十一条第三項において同じ。）で政令で定めるものの，地方公共団体にあつては教育委員会が社会教育委員の会議（社会教育委員が置かれていない場合には，条例で定めるところにより社会教育に係る補助金の交付に関する事項を調査審議する審議会その他の合議制の機関）の意見を聴いて行わなければならない。
　　（報告）
第14条　文部科学大臣及び教育委員会は，社会教育関係団体に対し，指導資料の作製及び調査研究のために必要な報告を求めることができる。
　　　第4章　社会教育委員
　　（社会教育委員の構成）
第15条　都道府県及び市町村に社会教育委員を置くことができる。

2　社会教育委員は，学校教育及び社会教育の関係者，家庭教育の向上に資する活動を行う者並びに学識経験のある者の中から，教育委員会が委嘱する。
（削除）
第16条　削除
（社会教育委員の職務）
第17条　社会教育委員は，社会教育に関し教育長を経て教育委員会に助言するため，左の職務を行う。
　一　社会教育に関する諸計画を立案すること。
　二　定時又は臨時に会議を開き，教育委員会の諮問に応じ，これに対して，意見を述べること。
　三　前二号の職務を行うために必要な研究調査を行うこと。
2　社会教育委員は，教育委員会の会議に出席して社会教育に関し意見を述べることができる。
3　市町村の社会教育委員は，当該市町村の教育委員会から委嘱を受けた青少年教育に関する特定の事項について，社会教育関係団体，社会教育指導者その他関係者に対し，助言と指導を与えることができる。
（社会教育委員の定数等）
第18条　社会教育委員の定数，任期その他必要な事項は，当該地方公共団体の条例で定める。
第19条　削除

第5章　公民館

（目的）
第20条　公民館は，市町村その他一定区域内の住民のために，実際生活に即する教育，学術及び文化に関する各種の事業を行い，もつて住民の教養の向上，健康の増進，情操の純化を図り，生活文化の振興，社会福祉の増進に寄与することを目的とする。
（公民館の設置者）
第21条　公民館は，市町村が設置する。

2　前項の場合を除くほか，公民館は，公民館の設置を目的とする一般社団法人又は一般財団法人（以下この章において「法人」という。）でなければ設置することができない。
3　公民館の事業の運営上必要があるときは，公民館に分館を設けることができる。
（公民館の事業）
第22条　公民館は，第二十条の目的達成のために，おおむね，左の事業を行う。但し，この法律及び他の法令によつて禁じられたものは，この限りでない。
　一　定期講座を開設すること。
　二　討論会，講習会，講演会，実習会，展示会等を開催すること。
　三　図書，記録，模型，資料等を備え，その利用を図ること。
　四　体育，レクリエーション等に関する集会を開催すること。
　五　各種の団体，機関等の連絡を図ること。
　六　その施設を住民の集会その他の公共的利用に供すること。
（公民館の運営方針）
第23条　公民館は，次の行為を行つてはならない。
　一　もつぱら営利を目的として事業を行い，特定の営利事務に公民館の名称を利用させその他営利事業を援助すること。
　二　特定の政党の利害に関する事業を行い，又は公私の選挙に関し，特定の候補者を支持すること。
2　市町村の設置する公民館は，特定の宗教を支持し，又は特定の教派，宗派若しくは教団を支援してはならない。
（公民館の基準）
第23条の2　文部科学大臣は，公民館の健全な発達を図るために，公民館の設置及び運営上必要な基準を定めるものとする。
2　文部科学大臣及び都道府県の教育委員会は，市町村の設置する公民館が前項の基準

に従つて設置され及び運営されるように，当該市町村に対し，指導，助言その他の援助に努めるものとする。
（公民館の設置）
第24条　市町村が公民館を設置しようとするときは，条例で，公民館の設置及び管理に関する事項を定めなければならない。
第25条及び第26条　削除
（公民館の職員）
第27条　公民館に館長を置き，主事その他必要な職員を置くことができる。
2　館長は，公民館の行う各種の事業の企画実施その他必要な事務を行い，所属職員を監督する。
3　主事は，館長の命を受け，公民館の事業の実施にあたる。
第28条　市町村の設置する公民館の館長，主事その他必要な職員は，教育長の推薦により，当該市町村の教育委員会が任命する。
（公民館の職員の研修）
第28条の2　第九条の六の規定は，公民館の職員の研修について準用する。
（公民館運営審議会）
第29条　公民館に公民館運営審議会を置くことができる。
2　公民館運営審議会は，館長の諮問に応じ，公民館における各種の事業の企画実施につき調査審議するものとする。
第30条　市町村の設置する公民館にあつては，公民館運営審議会の委員は，学校教育及び社会教育の関係者，家庭教育の向上に資する活動を行う者並びに学識経験のある者の中から，市町村の教育委員会が委嘱する。
2　前項の公民館運営審議会の委員の定数，任期その他必要な事項は，市町村の条例で定める。
第31条　法人の設置する公民館に公民館運営審議会を置く場合にあつては，その委員は，当該法人の役員をもつて充てるものとする。
（運営の状況に関する評価等）
第32条　公民館は，当該公民館の運営の状況について評価を行うとともに，その結果に基づき公民館の運営の改善を図るため必要な措置を講ずるよう努めなければならない。
（運営の状況に関する情報の提供）
第32条の2　公民館は，当該公民館の事業に関する地域住民その他の関係者の理解を深めるとともに，これらの者との連携及び協力の推進に資するため，当該公民館の運営の状況に関する情報を積極的に提供するよう努めなければならない。
（基金）
第33条　公民館を設置する市町村にあつては，公民館の維持運営のために，地方自治法（昭和二十二年法律第六十七号）第二百四十一条の基金を設けることができる。
（特別会計）
第34条　公民館を設置する市町村にあつては，公民館の維持運営のために，特別会計を設けることができる。
（公民館の補助）
第35条　国は，公民館を設置する市町村に対し，予算の範囲内において，公民館の施設，設備に要する経費その他必要な経費の一部を補助することができる。
2　前項の補助金の交付に関し必要な事項は，政令で定める。
第36条　削除
第37条　都道府県が地方自治法第二百三十二条の二の規定により，公民館の運営に要する経費を補助する場合において，文部科学大臣は，政令の定めるところにより，その補助金の額，補助の比率，補助の方法その他必要な事項につき報告を求めることができる。
第38条　国庫の補助を受けた市町村は，左に掲げる場合においては，その受けた補助金を国庫に返還しなければならない。
一　公民館がこの法律若しくはこの法律に基く命令又はこれらに基いてした処分に

違反したとき。
二　公民館がその事業の全部若しくは一部を廃止し，又は第二十条に掲げる目的以外の用途に利用されるようになつたとき。
三　補助金交付の条件に違反したとき。
四　虚偽の方法で補助金の交付を受けたとき。
（法人の設置する公民館の指導）
第39条　文部科学大臣及び都道府県の教育委員会は，法人の設置する公民館の運営その他に関し，その求めに応じて，必要な指導及び助言を与えることができる。
（公民館の事業又は行為の停止）
第40条　公民館が第二十三条の規定に違反する行為を行つたときは，市町村の設置する公民館にあつては市町村の教育委員会，法人の設置する公民館にあつては都道府県の教育委員会は，その事業又は行為の停止を命ずることができる。

2　前項の規定による法人の設置する公民館の事業又は行為の停止命令に関し必要な事項は，都道府県の条例で定めることができる。
（罰則）
第41条　前条第一項の規定による公民館の事業又は行為の停止命令に違反する行為をした者は，一年以下の懲役若しくは禁錮又は三万円以下の罰金に処する。
（公民館類似施設）
第42条　公民館に類似する施設は，何人もこれを設置することができる。
2　前項の施設の運営その他に関しては，第三十九条の規定を準用する。
　　第6章　学校施設の利用（第43〜48条）（略）
　　第7章　通信教育（第49〜57条）（略）
　　附　則（抄）
1　この法律は，公布の日から施行する。

③　図書館法（抄）
昭和25年4月30日法律118号（最近改正　平成20・6・11　法59）

　　第1章　総則
（この法律の目的）
第1条　この法律は，社会教育法（昭和二十四年法律第二百七号）の精神に基き，図書館の設置及び運営に関して必要な事項を定め，その健全な発達を図り，もつて国民の教育と文化の発展に寄与することを目的とする。
（定義）
第2条　この法律において「図書館」とは，図書，記録その他必要な資料を収集し，整理し，保有して，一般公衆の利用に供し，その教養，調査研究，レクリエーション等に資することを目的とする施設で，地方公共団体，日本赤十字社又は一般社団法人若しくは一般財団法人が設置するもの（学校に附属する図書館又は図書室を除く。）をいう。

2　前項の図書館のうち，地方公共団体の設置する図書館を公立図書館といい，日本赤十字社又は一般社団法人の設置する図書館を私立図書館という。
（図書館奉仕）
第3条　図書館は，図書館奉仕のため，土地の事情及び一般公衆の希望に沿い，更に学校教育を援助し，及び家庭教育の向上に資することとなるように留意し，おおむね次に掲げる事項の実施に努めなければならない。
一　郷土資料，地方行政資料，美術品，レコード及びフィルムの収集にも十分留意して，図書，記録，視聴覚教育の資料その他必要な資料（電磁的記録（電子的方式，磁気的方式その他人の知覚によつて

は認識することができない方式で作られた記録をいう。）を含む。以下「図書館資料」という。）を収集し，一般公衆の利用に供すること。
二 図書館資料の分類排列を適切にし，及びその目録を整備すること。
三 図書館の職員が図書館資料について十分な知識を持ち，その利用のための相談に応ずるようにすること。
四 他の図書館，国立国会図書館，地方公共団体の議会に附置する図書室及び学校に附属する図書館又は図書室と緊密に連絡し，協力し，図書館資料の相互貸借を行うこと。
五 分館，閲覧所，配本所等を設置し，及び自動車文庫，貸出文庫の巡回を行うこと。
六 読書会，研究会，鑑賞会，映写会，資料展示会等を主催し，及びこれらの開催を奨励すること。
七 時事に関する情報及び参考資料を紹介し，及び提供すること。
八 社会教育における学習の機会を利用して行つた学習の成果を活用して行う教育活動その他の活動の機会を提供し，及びその提供を奨励すること。
九 学校，博物館，公民館，研究所等と緊密に連絡し，協力すること。

（司書及び司書補）
第4条 図書館に置かれる専門的職員を司書及び司書補と称する。
2 司書は，図書館の専門的事務に従事する。
3 司書補は，司書の職務を助ける。

（司書及び司書補の資格）
第5条 次の各号のいずれかに該当する者は，司書となる資格を有する。
一 大学を卒業した者で大学において文部科学省令で定める図書館に関する科目を履修したもの
二 大学又は高等専門学校を卒業した者で次条の規定による司書の講習を修了したもの
三 次に掲げる職にあつた期間が通算して三年以上になる者で次条の規定による司書の講習を修了したもの
　イ 司書補の職
　ロ 国立国会図書館又は大学若しくは高等専門学校の附属図書館における職で司書補の職に相当するもの
　ハ ロに掲げるもののほか，官公署，学校又は社会教育施設における職で社会教育主事，学芸員その他の司書補の職と同等以上の職として文部科学大臣が指定するもの
2 次の各号のいずれかに該当する者は，司書補となる資格を有する。
一 司書の資格を有する者
二 学校教育法（昭和二十二年法律第二十六号）第九十条第一項の規定により大学に入学することのできる者で次条の規定による司書補の講習を修了したもの

（司書及び司書補の講習）
第6条 司書及び司書補の講習は，大学が，文部科学大臣の委嘱を受けて行う。
2 司書及び司書補の講習に関し，履修すべき科目，単位その他必要な事項は，文部科学省令で定める。ただし，その履修すべき単位数は，十五単位を下ることはできない。

（設置及び運営上の望ましい基準）
第7条の2 文部科学大臣は，図書館の健全な発達を図るために，図書館の設置及び運営上望ましい基準を定め，これを公表するものとする。
第7条の4 図書館は，当該図書館の図書館奉仕に関する地域住民その他の関係者の理解を深めるとともに，これらの者との連携及び協力の推進に資するため，当該図書館の運営の状況に関する情報を積極的に提供するよう努めなければならない。

第2章 公立図書館

（設置）
第10条　公立図書館の設置に関する事項は，当該図書館を設置する地方公共団体の条例で定めなければならない。
（職員）
第13条　公立図書館に館長並びに当該図書館を設置する地方公共団体の教育委員会が必要と認める専門的職員，事務職員及び技術職員を置く。
2　館長は，館務を掌理し，所属職員を監督して，図書館奉仕の機能の達成に努めなければならない。
（図書館協議会）
第14条　公立図書館に図書館協議会を置くことができる。
2　図書館協議会は，図書館の運営に関し館長の諮問に応ずるとともに，図書館の行う図書館奉仕につき，館長に対して意見を述べる機関とする。
第15条　図書館協議会の委員は，学校教育及び社会教育の関係者，家庭教育の向上に資する活動を行う者並びに学識経験のある者の中から，教育委員会が任命する。
第16条　図書館協議会の設置，その委員の定数，任期その他必要な事項については，当該図書館を設置する地方公共団体の条例で定めなければならない。
（入館料等）
第17条　公立図書館は，入館料その他図書館資料の利用に対するいかなる対価をも徴収してはならない。

④　博物館法（抄）

昭和26年12月1日法律285号（最近改正　平20・6・1　法59）

第1章　総則

（この法律の目的）
第1条　この法律は，社会教育法（昭和二十四年法律第二百七号）の精神に基き，博物館の設置及び運営に関して必要な事項を定め，その健全な発達を図り，もつて国民の教育，学術及び文化の発展に寄与することを目的とする。
（定義）
第2条　この法律において「博物館」とは，歴史，芸術，民俗，産業，自然科学等に関する資料を収集し，保管（育成を含む。以下同じ。）し，展示して教育的配慮の下に一般公衆の利用に供し，その教養，調査研究，レクリエーション等に資するために必要な事業を行い，あわせてこれらの資料に関する調査研究をすることを目的とする機関（社会教育法による公民館及び図書館法（昭和二十五年法律第百十八号）による図書館を除く。）のうち，地方公共団体，一般社団法人若しくは一般財団法人，宗教法人又は政令で定めるその他の法人（独立行政法人（独立行政法人通則法（平成十一年法律第百三号）第二条第一項に規定する独立行政法人をいう。第二十九条において同じ。）を除く。）が設置するもので次章の規定による登録を受けたものをいう。
2　この法律において，「公立博物館」とは地方公共団体の設置する博物館をいい，「私立博物館」とは，一般社団法人若しくは一般財団法人，宗教法人又は前項の政令で定める法人の設置する博物館をいう。
3　この法律において「博物館資料」とは，博物館が収集し，保管し，又は展示する資料（電磁的記録（電子的方式，磁気的方式その他人の知覚によつては認識することができない方式で作られた記録をいう。）を含む。）をいう。
（博物館の事業）
第3条　博物館は，前条第一項に規定する目

的を達成するため，おおむね次に掲げる事業を行う。
一　実物，標本，模写，模型，文献，図表，写真，フィルム，レコード等の博物館資料を豊富に収集し，保管し，及び展示すること。
二　分館を設置し，又は博物館資料を当該博物館外で展示すること。
三　一般公衆に対して，博物館資料の利用に関し必要な説明，助言，指導等を行い，又は研究室，実験室，工作室，図書室等を設置してこれを利用させること。
四　博物館資料に関する専門的，技術的な調査研究を行うこと。
五　博物館資料の保管及び展示等に関する技術的研究を行うこと。
六　博物館資料に関する案内書，解説書，目録，図録，年報，調査研究の報告書等を作成し，及び頒布すること。
七　博物館資料に関する講演会，講習会，映写会，研究会等を主催し，及びその開催を援助すること。
八　当該博物館の所在地又はその周辺にある文化財保護法（昭和二十五年法律第二百十四号）の適用を受ける文化財について，解説書又は目録を作成する等一般公衆の当該文化財の利用の便を図ること。
九　社会教育における学習の機会を利用して行つた学習の成果を活用して行う教育活動その他の活動の機会を提供し，及びその提供を奨励すること。
十　他の博物館，博物館と同一の目的を有する国の施設等と緊密に連絡し，協力し，刊行物及び情報の交換，博物館資料の相互貸借等を行うこと。
十一　学校，図書館，研究所，公民館等の教育，学術又は文化に関する諸施設と協力し，その活動を援助すること。
2　博物館は，その事業を行うに当つては，土地の事情を考慮し，国民の実生活の向上に資し，更に学校教育を援助し得るようにも留意しなければならない。
（館長，学芸員その他の職員）
第4条　博物館に，館長を置く。
2　館長は，館務を掌理し，所属職員を監督して，博物館の任務の達成に努める。
3　博物館に，専門的職員として学芸員を置く。
4　学芸員は，博物館資料の収集，保管，展示及び調査研究その他これと関連する事業についての専門的事項をつかさどる。
5　博物館に，館長及び学芸員のほか，学芸員補その他の職員を置くことができる。
6　学芸員補は，学芸員の職務を助ける。
（学芸員の資格）
第5条　次の各号のいずれかに該当する者は，学芸員となる資格を有する。
一　学士の学位を有する者で，大学において文部科学省令で定める博物館に関する科目の単位を修得したもの
二　大学に二年以上在学し，前号の博物館に関する科目の単位を含めて六十二単位以上を修得した者で，三年以上学芸員補の職にあつたもの
三　文部科学大臣が，文部科学省令で定めるところにより，前二号に掲げる者と同等以上の学力及び経験を有する者と認めた者
2　前項第二号の学芸員補の職には，官公署，学校又は社会教育施設（博物館の事業に類する事業を行う施設を含む。）における職で，社会教育主事，司書その他の学芸員補の職と同等以上の職として文部科学大臣が指定するものを含むものとする。
（設置及び運営上望ましい基準）
第8条　文部科学大臣は，博物館の健全な発達を図るために，博物館の設置及び運営上望ましい基準を定め，これを公表するものとする。
第9条の2　博物館は，当該博物館の事業に

関する地域住民その他の関係者の理解を深めるとともに，これらの者との連携及び協力の推進に資するため，当該博物館の運営の状況に関する情報を積極的に提供するよう努めなければならない。

　　第2章　登録
　（登録）
第10条　博物館を設置しようとする者は，当該博物館について，当該博物館の所在する都道府県の教育委員会に備える博物館登録原簿に登録を受けるものとする。
　（登録の申請）
第11条　前条の規定による登録を受けようとする者は，設置しようとする博物館について，左に掲げる事項を記載した登録申請書を都道府県の教育委員会に提出しなければならない。
　一　設置者の名称及び私立博物館にあつては設置者の住所
　二　名称
　三　所在地
2　前項の登録申請書には，次に掲げる書類を添附しなければならない。
　一　公立博物館にあつては，設置条例の写し，館則の写し，直接博物館の用に供する建物及び土地の面積を記載した書面及びその図面，当該年度における事業計画書及び予算の歳出の見積りに関する書類，博物館資料の目録並びに館長及び学芸員の氏名を記載した書面
　二　私立博物館にあつては，当該法人の定款の写し又は当該宗教法人の規則の写し，館則の写し，直接博物館の用に供する建物及び土地の面積を記載した書面及びその図面，当該年度における事業計画書及び収支の見積りに関する書類，博物館資料の目録並びに館長及び学芸員の氏名を記載した書面
　（登録要件の審査）
第12条　都道府県の教育委員会は，前条の規定による登録の申請があつた場合においては，当該申請に係る博物館が左に掲げる要件を備えているかどうかを審査し，備えていると認めたときは，同条第1項各号に掲げる事項及び登録の年月日を博物館登録原簿に登録するとともに登録した旨を当該登録申請者に通知し，備えていないと認めたときは，登録しない旨をその理由を附記した書面で登録申請者に通知しなければならない。
　一　第二条第一項に規定する目的を達成するために必要な博物館資料があること。
　二　第二条第一項に規定する目的を達成するために必要な学芸員その他の職員を有すること。
　三　第二条第一項に規定する目的を達成するために必要な建物及び土地があること。
　四　一年を通じて百五十日以上開館すること。

　　第3章　公立博物館
　（設置）
第18条　公立博物館の設置に関する事項は，当該博物館を設置する地方公共団体の条例で定めなければならない。
　（所管）
第19条　公立博物館は，当該博物館を設置する地方公共団体の教育委員会の所管に属する。
　（博物館協議会）
第20条　公立博物館に，博物館協議会を置くことができる。
2　博物館協議会は，博物館の運営に関し館長の諮問に応ずるとともに，館長に対して意見を述べる機関とする。
第21条　博物館協議会の委員は，学校教育及び社会教育の関係者，家庭教育の向上に資する活動を行う者並びに学識経験のある者の中から，当該博物館を設置する地方公共団体の教育委員会が任命する。
第22条　博物館協議会の設置，その委員の定

数及び任期その他博物館協議会に関し必要な事項は，当該博物館を設置する地方公共団体の条例で定めなければならない。
（入館料等）
第23条　公立博物館は，入館料その他博物館資料の利用に対する対価を徴収してはならない。但し，博物館の維持運営のためにやむを得ない事情のある場合は，必要な対価を徴収することができる。

2．各種統計資料

表1　種類別社会教育施設数

年度	計	公民館	図書館	博物館	博物館類似施設	青少年教育施設	女性教育施設	社会体育施設	民間体育施設	文化会館	生涯学習センター
平成2	25,226	17,931 (90.8)	1,950 (35.8)	799	2,169	1,154	213	－	－	1,010	－
5	78,993	18,339 (91.0)	2,172 (39.8)	861	2,843	1,255	224	35,950	16,088	1,261	－
8	88,684	18,545 (91.2)	2,396 (44.8)	985	3,522	1,319	225	41,997	18,146	1,549	－
11	94,277	19,063 (91.7)	2,592 (49.0)	1,045	4,064	1,263	207	43,731	17,279	1,751	－
14	94,392	18,819 (91.0)	2,742 (51.8)	1,120	4,243	1,305	196	47,321	16,814	1,832	－
17	94,998	18,182 (89.1)	2,979 (64.9)	1,196	4,418	1,320	183	48,055	16,780	1,885	－
20	94,539	16,566 (－)	3,165 (－)	1,245	4,528	1,130	380	47,925	17,323	1,893	384

出典：『社会教育調査報告書』（各年度）なお，平成20年度は中間報告で，－部分は過年度と対応する数値が見当たらないようである。

注：公民館，図書館は類似・同種施設を含む。また，（　）内は設置率または構成比。平成8年度以前の体育施設にはゲートボール，クロッケー場の施設数を含まない。－は資料なし。すべての表につき以下同じ。

表2　種類別博物館数（博物館及び博物館類似施設の合計）

年度	計	総合博物館	科学博物館	歴史博物館	美術博物館	野外博物館	動物園	植物園	動植物園	水族館
平成2	2,968	222	261	1,717	498	28	79	75	20	68
5	3,704	238	302	2,189	651	38	81	102	30	73
8	4,507	295	383	2,604	845	59	84	129	28	80
11	5,109	345	435	2,916	987	84	93	144	27	78
14	5,363	366	444	3,091	1,034	96	93	141	23	75
17	5,614	418	474	3,200	1,087	106	95	133	25	76
20	5,773	429	485	3,325	1,101	106	87	133	29	78

表 3　指定管理者別施設数

区　分		計	公民館	図書館	博物館	博物館類似施設	青少年教育施設	女性教育施設	社会体育施設	文化会館	生涯学習センター
平成17年度	公立施設数	56,111	18,173	2,955	667	3,356	1,320	91	27,800	1,749	−
	指定管理者数	8,005	672	54	93	559	221	14	5,766	626	−
	公立に占める比率(%)	14.3	3.7	1.8	13.9	16.7	16.7	15.4	20.7	35.8	−
	自治体	391	2	2	−	53	16	−	309	9	−
	民法法人	5,207	243	36	86	382	156	7	3,749	548	−
	会　社	532	15	8	3	46	14	2	421	23	−
	NPO	165	4	7	1	9	14	1	117	12	−
	その他	1,710	408	1	3	69	21	4	1,170	34	−
平成20年度	公立施設数	55,090	16,561	3,140	703	3,470	1,101	281	27,709	1,741	384
	指定管理者数	12,900	1,352	203	134	967	369	78	8,855	874	68
	公立に占める比率(%)	23.4	8.2	6.5	19.1	27.9	33.5	27.8	32.0	50.2	17.7
	自治体	122	−	−	−	24	7	−	86	5	−
	民法法人	5,973	263	51	110	527	169	34	4,200	581	38
	会　社	2,772	62	107	18	177	72	4	2,142	175	15
	NPO	801	24	29	3	48	39	17	602	37	3
	その他	3,232	1,003	16	3	191	83	23	1,825	76	12

表 4　社会教育関係職員数

年　度	計	教育委員会	公民館	図書館	博物館	博物館類似施設	青少年教育施設	女性教育施設	社会体育施設	民間体育施設	文化会館	生涯学習センター
平成 2	142,651	34,928	50,431	16,331	11,429	12,532	6,716	788	−	−	9,496	−
5	529,615	37,040	52,960	19,339	12,966	16,375	7,382	1,145	74,953	294,391	13,064	−
8	547,824	38,903	54,767	22,057	14,200	21,001	7,979	1,123	84,113	287,816	15,865	−
11	546,363	40,351	57,110	24,844	15,211	25,251	8,018	1,003	94,405	262,000	18,170	−
14	524,417	39,728	57,907	27,276	16,522	26,532	8,118	1,088	98,957	230,091	18,198	−
17	515,619	35,516	56,311	30,660	17,354	27,265	8,251	1,209	100,297	220,368	18,388	−
20	531,585	31,157	53,150	32,557	17,898	28,041	8,622	3,211	113,603	219,863	20,027	3,456
平均(人)	5.5	16.6	3.2	10.3	14.4	6.2	7.6	8.5	4.1	19.7	10.6	9.0
うち専任(%)	42.8	69.2	21.0	43.8	60.5	38.4	39.6	44.2	13.6	58.4	44.4	38.2
うち女性(%)	42.8	25.3	33.8	70.3	45.3	45.4	30.8	80.0	25.7	51.3	40.5	42.7

表 5　指導系社会教育職員数

年度	計	教育委員会		公民館	図書館		博物館		博物館類似施設		青少年教育施設	女性教育施設	社会体育施設	民間体育施設	文化会館	生涯学習センター
		社会教育主事	社会教育主事補	公民館主事	司書	司書補	学芸員	学芸員補	学芸員	学芸員補	指導系職員	指導系職員	指導系職員	指導系職員	指導系職員	指導系職員
平成2	40,487	6,988	583	18,427	6,401	383	2,066	483	983	133	2,828	169	—	—	1,043	—
5	104,503	6,766	555	19,374	7,529	429	2,338	460	1,373	142	3,021	273	7,708	53,011	1,524	—
8	106,984	6,796	563	19,470	8,602	443	2,811	492	1,778	188	3,066	253	8,627	52,223	1,672	—
11	108,301	6,035	464	18,927	9,783	425	3,094	447	2,234	208	2,860	295	9,071	52,770	1,688	—
14	105,725	5,383	371	18,591	10,977	387	3,393	454	2,243	261	2,921	290	8,963	49,899	1,592	—
17	110,294	4,119	242	17,805	12,781	442	3,827	469	2,397	223	2,961	263	9,599	53,469	1,697	—
20	114,452	3,004	153	15,420	14,596	385	3,981	624	2,796	351	2,974	478	12,743	54,138	1,928	881
平成20年度内訳（下は各機関施設の全職員に占める専門・専任・女性の比率である）																
専門職員の比率		9.6	0.5	29.0	44.8	1.2	22.2	3.5	10.0	1.3	34.5	14.9	11.2	24.6	9.6	25.5
専任の比率		83.4	73.2	34.3	48.8	40.3	81.4	65.1	52.4	35.0	46.1	33.7	21.9	43.7	64.4	52.8
女性の比率		11.1	29.4	41.2	85.1	82.9	36.1	41.0	40.5	59.0	29.2	84.9	38.5	50.0	25.3	40.7

注：社会教育主事には派遣社会教育主事を含む。

表 6　社会教育委員設置状況

年度	計	都道府県	市（区）	町	村	組合	委員数					
							委員数計(人)	学校の長(人)	社会教育関係団体代表(人)	家庭教育の関係者(人)	学識経験者(人)	うち法17条3号適用者(人)
平成2	3,248 (97.4)	47 (100.0)	662 (97.6)	1,959 (99.5)	569 (98.1)	11 (17.7)	38,383 (100.0)	6,951 (18.1)	16,221 (42.3)	—	15,221 (39.7)	8,136 (21.2)
5	3,243 (97.4)	46 (97.9)	668 (97.4)	1,954 (99.6)	564 (98.1)	11 (17.7)	38,178 (100.0)	6,906 (18.1)	16,115 (42.2)	—	15,157 (39.7)	8,463 (22.2)
8	3,253 (97.4)	47 (100.0)	678 (98.1)	1,962 (99.7)	557 (98.2)	9 (13.4)	38,071 (100.0)	6,827 (17.9)	15,982 (42.0)	—	15,262 (40.1)	7,990 (21.0)
11	3,246 (97.6)	47 (100.0)	679 (97.8)	1,961 (99.8)	550 (98.4)	9 (14.8)	37,519 (100.0)	6,702 (17.9)	15,725 (41.9)	—	15,092 (40.2)	8,698 (23.2)
14	3,230 (97.4)	47 (100.0)	680 (97.4)	1,946 (99.4)	547 (98.2)	10 (17.5)	21,765 (100.0)	3,907 (18.0)	8,700 (40.0)	1,720 (7.9)	7,438 (34.2)	6,354 (29.2)
17	2,226 (96.2)	46 (97.9)	738 (95.5)	1,159 (99.1)	278 (96.5)	5 (13.9)	26,224 (100.0)	4,473 (17.1)	10,668 (40.7)	2,282 (8.7)	8,801 (33.6)	5,077 (19.4)
20												

注：家庭の教育関係者は「家庭教育の向上に資する活動を行う者」を，学校の長は平成14年度以降学校教育関係者をさす。

表 7 学級・講座数

年度	計	教育委員会	公民館	博物館	博物館類似施設	青少年教育施設	女性教育施設	文化会館	生涯学習センター	首長部局
平成元年度間	452,477	74,006	164,185	－	－	10,588	3,267	29,703	－	170,728
4年度間	513,870	81,681	187,053	－	－	11,312	3,545	42,059	－	188,220
7年度間	507,289	85,507	188,133	－	－	9,148	4,237	39,555	－	180,709
10年度間	676,281	106,688	273,719	－	－	10,857	7,957	36,208	－	240,852
13年度間	828,362	167,400	354,120	－	－	14,392	7,151	54,880	－	230,419
16年度間	920,237	164,632	428,473	17,663	20,771	16,718	7,555	56,632	－	207,793
19年度間	911,862	140,100	469,990	20,392	25,032	17,852	9,936	43,101	19,566	165,893

表 8 学級・講座の受講者数

年度	計	教育委員会	公民館	博物館	博物館類似施設	青少年教育施設	女性教育施設	文化会館	生涯学習センター	首長部局
平成元年度間	24,257,813	4,352,563	7,872,408	－	－	548,197	133,889	1,363,536	－	9,987,220
4年度間	28,659,825	5,163,710	9,056,739	－	－	374,038	139,517	1,562,938	－	12,362,883
7年度間	30,384,584	5,773,017	8,997,727	－	－	420,446	159,000	1,588,922	－	5,773,017
10年度間	29,377,896	6,309,362	10,013,791	－	－	510,365	218,172	1,351,716	－	6,309,362
13年度間	32,393,619	8,248,285	11,073,255	－	－	495,532	280,366	1,728,964	－	8,248,285
16年度間	33,727,289	7,972,707	12,456,887	1,421,025	1,119,949	615,889	234,325	1,819,415	－	7,972,707
19年度間	34,203,153	7,105,133	13,080,788	1,837,926	1,624,320	686,536	336,113	1,417,910	985,019	7,105,133

表 9 施設利用者数 (千人)

年度	計	公民館	図書館	博物館	博物館類似施設	青少年教育施設	女性教育施設	社会体育施設	民間体育施設	生涯学習センター
平成元年度間	547,102	204,029	76,070	130,322	114,658	17,703	4,320	－	－	－
4年度間	1,178,718	219,468	100,500	134,335	148,752	19,579	4,673	391,582	159,829	－
7年度間	1,280,714	219,958	120,011	124,074	161,927	19,540	3,859	464,611	166,734	－
10年度間	1,304,646	221,797	131,185	113,273	167,376	20,088	3,443	452,913	194,541	－
13年度間	1,256,667	222,677	143,100	113,977	155,526	20,766	3,315	440,590	156,716	－
16年度間	1,324,386	233,115	170,611	117,854	154,828	20,864	2,850	466,617	157,647	－
19年度間	1,375,946	236,617	171,355	123,970	155,711	22,103	10,675	482,351	148,380	24,784

注：主催・共催した学級・講座諸集会の参加者を除く

表10　ボランティア活動の状況

年　度	計	公民館	図書館	博物館	博物館類似施設	青少年教育施設	女性教育施設	社会体育施設	民間体育施設	文化会館	生涯学習センター
平成 8	536,509	231,003	35,926	15,953	23,923	39,635	12,876	114,474	38,341	24,378	－
14	529,129	256,645	59,357	22,422	40,251	15,923	6,439	69,726	32,401	25,965	－
17	589,866	289,712	70,776	27,607	49,136	22,763	9,982	83,747	24,229	29,418	－
20	656,450	249,604	98,431	29,510	45,986	22,763	9,982	83,747	24,229	29,418	62,780
うち女性	409,557 (62.4)	162,789 (65.2)	85,709 (87.1)	17,983 (60.9)	22,140 (48.1)	12,749 (56.0)	9,553 (95.7)	35,047 (41.8)	10,124 (41.8)	18,194 (61.8)	35,269 (56.2)
登録制度のある施設数	8,280 (12.1)	2,753 (16.6)	2,110 (66.7)	461 (37.0)	769 (17.0)	334 (29.6)	123 (32.4)	670 (2.4)	498 (4.5)	424 (22.4)	138 (35.9)
登録団体数	21,867	9,136	5,539	381	762	567	247	1,928	678	848	1,781
登録者数	530,932	221,351	65,979	15,771	33,031	14,113	8,234	75,597	19,639	21,360	55,857
個人登録数	125,518	28,253	32,452	13,739	12,955	8,650	1,748	8,150	4,590	8,058	6,923

索　引

あ

青空公民館　54
新しい『公共』の精神　103
新しい公民館像をめざして　48
新しい時代を切り拓く生涯学習の振興方策について〜知の循環型社会の構築を目指して〜　74
アメリカ(米国)教育使節団報告書　8,51
アンドラゴジー　109,111
e-learning　118
生きる力　162
意見聴取規定　95
意見聴取義務の廃止　89
一番ヶ瀬康子　138
インテグレーション　140
碓井正久　146
NPM　60
NPO　113,128,150
　―法人　57,153
エンパワーメント　112
公の施設　38,56
岡山市　123
小川利夫　136

か

ガイドボランティア　102
学芸員　18,68
学習権宣言　143
学習者の経験の役割　110
学習相談業務　112
学習内容・方法　70
学習への動機づけ　110
学習への方向づけ　110
学習へのレディネス　110
片山潜　137
学級・講座　115
学校運営協議会　85,93,120-122
学校開放　8
学校・家庭・地域が連携協力　121
学校教育と地域住民の連携　120
学校評議員　93,120,121
学校への助言　76

家庭教育学級　27,91
家庭教育の向上に資する活動を行う者　19
カルチャーセンター　16,113
環境醸成　5,23,91
看板公民館　9
管理的指導者　73
規制緩和策　32,61
キャリア教育　159-162,165,171
急激な社会構造の変化に対処する社会教育のあり方について　15,69,97
教育委員会　8
　―法　75
教育改革国民会議　20,90,122
教育基本法　6,77
　―第12条　22
教育公務員特例法　76,82
教育刷新委員会　11
教育振興基本計画　27
教育福祉　136
教育を変える十七の提案　122
行政委員会　34
行政改革　32
京都市　38
京都府　29,135
　―宇治市　103,119,120
キングスレー館　137
勤労青年学校　14
勤労の場所　77
群馬県　30
現代的課題　140,142
憲法第25条　137
憲法第89条　11,146,149
憲法第八九条にいう教育の事業について　11,149
岡輝中学校　123
公共(公益)性　99
講師・助言者　72,73
公民館　8,32,142
　―委員会　9,86
　―運営審議会　12,19,32,47,86-89,90,95
　―運営審議会委員　70
　―運営審議会の必置規制の廃止　86
　―館長　18

―館基準　18
―三階建て論　15
―主事　9
―設置運営基準　13,40
―図書室　45,104
―のあるべき姿と今日的指標　48
―の運営方針　46,84
―の設置運営について　8
―の設置及び運営に関する基準　104
―保育　103
―保育室　104
公立図書館の設置及び運営上の望ましい基準　19,42,50,105
公立博物館学芸員の定数規定の廃止　89
公立博物館の設置及び運営上の望ましい基準　51
公立博物館の設置及び運営に関する基準　51
高齢化社会　140
高齢社会　140
高齢者教室　27
国立女性教育会館　26
国立青少年交流の家　25
国立青少年自然の家　26
個人の要望　21
コミュニティ・スクール　121-123,129,134
コミュニティワーカー　146
今後の社会の動向に対応した生涯学習の振興方策について　2,99
今後の地域教育行政の在り方について　121

さ

三多摩テーゼ　15,85
滋賀県米原市　154
司書　19,68
実践・実習型学習　118
指定管理者　67
　―制度　56,57,65,66,68
シニアスクール　128,132
　―構想　130
自発(自由意志)性　99
島根県出雲市　29
市民活動促進法案　152
市民の図書館　15,49
下伊那テーゼ　15
社会教育委員　12,69,85,88,89,92,93
社会教育関係委員制度　85

社会教育関係団体　11,84,88,90,146
社会教育行政　22
社会教育局　17
社会教育施設　8
社会教育指導員　70
　―設置事業　71
社会教育終焉論　16
社会教育主事　12,68,69,78,80,82,147
　一，学芸員及び司書の養成，研修等の改善方策について　82
　―講習　81
　―の養成について　79,82
　―派遣事業　76
　―有資格者データベース(人材バンク)　82
　―有資格者　82
社会教育審議会　1
　―答申(1971年)　74
社会教育士　74
社会教育の定義　148
社会教育法　5,147
　―第23条　46,47
　―における民間営利社会教育事業者に関する解釈について　49
社会教育を行う者　12,78
社会参加　112
社会的包摂　140,143
社会の変化に対応した今後の社会教育行政の在り方について　3,25,79,86
社会の要請　21
社会福祉協議会　138
社会福祉法　140
受益者負担論　16
生涯学習　1
　―基本構想　4
　―局　2
　―社会　3,7
　―審議会　2,32,82,86,90
　―振興法　2,15,90
　―政策局　2
　―センター　112
　―体系への移行　2,98
　―都市宣言　33
　―の基盤整備について　17,99
　―の理念　7,77
　―ボランティアセンター　102

生涯教育　97
　　―センター　16
　　―について　1,16
条件整備　5
少子高齢社会　141
少子超高齢社会　141
少年自然の家　14,39,112
職員の専門性　106
職業指導　161
ジョブカフェ　168
人材バンク　100
進展する社会と公民科の運営（文部省社会教育局）　15
シンポジウム　116
進路指導　161
すべての市民に社会教育を（枚方テーゼ）　15
スポーツ振興法　24,70,94
スポーツ振興審議会　85,94,95
　　―等委員　70
スポーツ・青少年局　23
生活課題　75,135,136
青少年団体設置要領　8
青少年の体験活動　118
成人教育の教育内容　109
青年学級　13
　　―運営委員会　86
　　―開設運営要綱　86
　　―振興法　13,86,87,147
青年団　8,149
青年の家　14,39,86,112
説明責任　121
セツルメント活動　137
セルフ・ディレクティド・ラーニング　110
先駆（開発，発展）性　99
全国公民館連合会　48
専門的教育職員　76
ソーシャル・インクルージョン　140,143
ソーシャルワーカー　145

た

体育館　39
体育指導委員　70,72
大学のエクステンション　112
体験学習指導　106
第三セクター　17,61
男女共同参画社会基本法　89

男女共同参画センター　32,112
地域課題　75
地域学校協議会　121,123-126,128,129,133
地域教育士　74
地域貢献　112
地域生涯学習振興基本構想　17
地域に開かれた学校　130
地方教育行政法　12,28,33
地方自治法　38
地方社会教育職員制　75
地方社会教育団体の組織について　147
地方分権　8
　　―一括法　15,88
　　―・規制緩和　18
　　―推進委員会　18
中央教育審議会　1,163
中小都市における公共図書館の運営（中小レポート，日本図書館協会）　15,49
町村合併　13
通信教育　113,118
通俗教育　75
寺中構想　9
寺中作雄　9
　　―『社会教育法解説』　84
展示解説　106
統合化　140
統合型地域スポーツクラブ　28
特定非営利活動促進法　151
図書館　8,32,111
　　―協議会　19,32,86,87,89,95
　　―協議会委員　70
　　―資料　41
　　―長　19
　　―の館長の司書資格要件の廃止　89
　　―法　12
都道府県生涯学習審議会委員　69,94

な

西宮方式　17
21世紀教育新生プラン　122
ネルソン通達　11
ノーサポート・ノーコントロールの原則　11,147,149
ノーマライゼーション　139,144
ノールズ　109-111

索引　197

は

博物館　8,32,111
　―基準　15
　―協議会　19,32,86,87,95
　―協議会委員　70
　―資料　42
　―法　12,42
バズ・セッション　117
パネル・ディスカッション　116
PTA　8,126,127,129,146,149
枚方テーゼ　85
広島県地域生涯学習振興基本構想　4
ファシリテーター　118
フィールドワーク　118
福岡型　17
藤田秀雄　38
婦人会　149
婦人学級　27
婦人教育会館　14
ペダゴジー　109
保育所　61
保育ボランティア制度　104
放送大学　113
ボランティア・コーディネーター　100,102
ボランティア活動　3,98,99,101,108,113,120
　―の基本理念　99
　―の本質　96
　―の無償性　102
ボランティア休暇　96
ボランティア国際年　97
ボランティア登録制度　103

ボランティアの先駆性　104
ボランティア養成講座　91

ま

民間委託　15
民間カルチャーセンター　113
無償(無給)性　99
無償の労働力　107
無料の原則　48,54
求めに応じ　11,84,147

や

山城地方　120
やまんばの会　154
有償ボランティア　97,103
ユネスコ　1,53
　―国際成人教育会議　143
読み聞かせ　105

ら

ラングラン　1,97
リカレント教育　3
臨時教育会議　75
臨時教育審議会　2,16,98
臨時行政調査会　15
隣保館　137
6・3制　8
ろばた懇談会　135

わ

ワークショップ　106,117

編著者・執筆者紹介

編　者

国生　　寿（こくしょう　ひさし）　同志社大学・同大学院教授
　　1941年鹿児島県生まれ，九州大学大学院教育学研究科修士課程修了。九州大学助手，熊本音楽短期大学講師，助教授等を経て，1984年より現職（大学院教授は1993年より）。
　　主要著書　『社会教育の展望』（学文社，1988，共著），『生涯学習と公的社会教育―生涯学習の体制づくりと公的社会教育の責務』（永田文昌堂，1992），『地域社会教育と生涯学習』（渓水社，1999），『生涯学習の展開』（学文社，2000，共編著），『教育文化学への挑戦―多文化交流から見た学校教育と生涯学習』（明石書店，2005，共著），他

八木　隆明（やぎ　たかあき）　龍谷大学非常勤講師
　　1948年京都府生まれ，龍谷大学大学院文学研究科修士課程修了。京都府宇治市に勤務して，公民館主事，社会教育主事等歴任。かたわら2006年より現職も。2009年宇治市退職後京都府立大学，京都外国語大学，追手門学院大学等でも非常勤講師。
　　主要著書等　「公民館主事の位置づけと課題」（『月刊社会教育』1988，国土社），「宇治市公民館の歴史(1)〜(4)」（『同志社大学社会教育研究年報』第8〜11号，2001〜04），『公民館・コミュニティ施設ハンドブック』（エイデル研究所，2006，共著），『社会教育と現代的課題の学習』（あいり出版，2006，共著），他

吉富啓一郎（よしとみ　けいいちろう）　県立広島女子大学名誉教授
　　1938年長崎県生まれ，九州大学大学院教育学研究科博士課程中退。九州大学助手，高知大学助手，助教授，教授，県立広島女子大学・龍谷大学教授を経て，2004年より現職。
　　主要著書　『青年問題の研究』（南の風社，1990），『生涯学習と社会教育計画』（学文社，1992，共編著），『教育保育双書5　児童福祉』（北大路書房，1994），『地域づくりと生涯学習―原理的・実証的研究』（渓水社，1995），『社会教育と現代の課題の学習』（あいり出版，2006，共編著），他

執筆者及び執筆分担（執筆順）
　　国生　　寿（編者）　まえがき，第1章2節，第2章1節1，第3章3節，第4章4節1
　　吉富啓一郎（編者）　第1章1節，第3章1節，同2節
　　八木　隆明（編者）　第1章3節，第2章2節，同3節，第3章4節，第4章1節
　　渡部　幹雄（わたなべ　みきお）　滋賀県愛荘町教育長　第2章1節2・3・4・5
　　妹尾恵美子（せのお　えみこ）　岡山理科大学職員　第4章2節
　　杉野　聖子（すぎの　せいこ）　日本体育大学非常勤講師　第4章3節
　　吉田　文大（よしだ　ふみひろ）　滋賀県彦根市役所　第4章4節2・3
　　小野　憲一（おの　けんいち）　環太平洋大学非常勤講師　第4章5節

新時代の社会教育と生涯学習

2010年3月25日　第1版第1刷発行

編著者　国生　　寿
　　　　八木　隆明
　　　　吉富　啓一郎

発行者　田中　千津子

発行所　株式会社 学文社

〒153-0064　東京都目黒区下目黒3-6-1
電話　03（3715）1501（代）
FAX　03（3715）2012
http://www.gakubunsha.com

印刷／新灯印刷

©H. Kokusho & T. Yagi & K. Yoshitomi 2010

乱丁・落丁の場合は本社でお取替えします。
定価は売上カード，カバーに表示。

ISBN978-4-7620-2037-7